高等院校“十三五”规划教材

金融理财

朱 靖 任玉超 主编

合肥工業大學出版社

图书在版编目(CIP)数据

金融理财/朱靖,任玉超主编.—合肥:合肥工业大学出版社,2018.5
ISBN 978-7-5650-3988-1

Ⅰ.①金… Ⅱ.①朱…②任… Ⅲ.①金融投资—教材 Ⅳ.①F830.59

中国版本图书馆 CIP 数据核字(2018)第 110946 号

金 融 理 财

朱 靖 任玉超 主编 责任编辑 张 慧

出 版	合肥工业大学出版社	版 次	2018 年 5 月第 1 版
地 址	合肥市屯溪路 193 号	印 次	2018 年 7 月第 1 次印刷
邮 编	230009	开 本	787 毫米×1092 毫米 1/16
电 话	人文编辑部:0551-62903205	印 张	9
	市场营销部:0551-62903198	字 数	214 千字
网 址	www.hfutpress.com.cn	印 刷	安徽昶颉包装印务有限责任公司
E-mail	hfutpress@163.com	发 行	全国新华书店

ISBN 978-7-5650-3988-1 定价:32.00 元

前　　言

改革开放以来，中国人创造出了令全球瞩目的经济奇迹。目前国内已进入财富管理时代，全民都需要学会、重视长期理财规划。纵览各发达国家经验，随着经济和金融的持续发展，仅仅依靠个人的知识和经验的积累及对财富管理配置的时间和精力来管理财物的传统方式，已经很难确保其选择与配置的效率和效益，因而提供专业、全面理财服务的理财规划师便应运而生，并在经济和社会发展中日益彰显其重要作用。

理财规划师是运用理财规划的原理、方法和工具，为客户提供理财规划服务的专业人员。2003 年初，借鉴成熟市场经济国家该行业的相关经验，并结合我国经济发展实际，人力资源和社会保障部（原劳动和社会保障部）颁布了《理财规划师国家职业标准》，将理财规划师作为正式职业，并为此成立了国家职业技能鉴定专家委员会理财规划师专业委员会。委员均是来自国内著名高等院校和金融机构的杰出学者和专家。

本书主要讲述了金融理财的基本知识，不仅包括金融方面的系统知识，还结合理财规划师的工作要求，规范其工作流程。本教材适合财经类院校金融学、投资学等专业本科、专科学生使用，也适合所有参加理财规划师职业资格认证考试并立志从事理财规划师职业的人员使用。本教材第一章、第二章、第三章、第四章和第九章由任玉超老师编写，第五章、第六章、第七章、第八章和第十章由朱靖老师编写。

本教材的编写遵循以下三点原则：

一是定位更加强调“以就业为导向”。本教材力求从实际应用的需要出发，尽量减少枯燥、实用性不强的理论灌输，充分体现“以行业为向导，以能力为本，以学生为中心”的风格，从而使本教材更具有实用性和前瞻性，与就业市场结合得更为紧密。

二是注重培养学生的职业技能。本教材力避传统教材“全而深”的教学模式，将“教、学、做”有机融为一体，在教给学生理论知识的同时，强化对学生实际操作能力的培养。

三是采用“案例导入教学”的编写模式。在讲解的过程中，本教材引用了大量鲜明、实用的案例进行分析，密切联系实际，以达到编写实训教材的目标。这些精心设计的案例不但有利于老师授课，还可以启发学生思考，提高其就业创业的能力。

本教材的编写者是高校从事金融理财教学的一线青年教师，他们寓研于教，所编写的教材既包含本科生、专科生日常教学中所需的最新资料数据和教学案例，又融入了该领域最新的理论研究成果。由于编写者自身学术水平有限，书中存在不足和错误，敬请读者批评和指正。

朱　靖

2017 年 8 月 28 日

前言

目　录

第一章　理财规划基础

学习目标

通过本章学习，理解什么是理财及理财规划，制定不同生命周期阶段相对应的理财规划方案。理解理财规划的目标和原则，并在此基础上掌握理财规划的内容，认识理财规划这个职业。

专业术语

理财规划的目标和原则；生命周期理论；家庭模型

案例导入

改革开放以来，我国经济发展迅速，国民收入在一代人的时间里增长了50多倍。如今，人们拥有了更多收入与财富的同时，面临的生活、工作压力也越来越大，理财已经成为影响国民生活质量不可或缺的因素。

伴随宏观经济和金融市场的快速发展，股票、债券、保险、信托等金融产品已经成为日常生活的一部分。同时，理财市场的发展也在悄然改变着金融机构的发展轨迹，理财业务既是成熟金融市场的表现，也在不断推动金融产品的销售模式和渠道的改变，而个人理财业务的发展使得各金融机构间必须加强合作，取长补短。这也进一步促进了理财业务的发展，使理财产品与服务层出不穷，并且日益呈现专业化与复杂化的趋势。

以往人们在提及理财规划时，一般指公司理财规划，很少论及个人理财规划，近年来，个人理财规划已经成为与公司理财并列的理财学分支，并在经济生活中扮演越来越重要的角色。本书中的理财规划主要是针对个人而言的。

第一节　理财规划概述

一、理财规划的内涵

理财规划是根据客户财务与非财务状况，运用规范的方法并遵循一定程序为客户制定切合实际、可操作的某一方面或一系列相互协调的规划方案。

理财规划的定义要注意以下几点：

① 理财规划是全方位的综合性服务，不是简单的金融产品销售。它不局限于提供某种单一的金融产品，而是针对客户不同阶段的各种理财目标进行的全方位、多层次、个性化的财务服务。

② 理财规划强调个性化。理财规划服务不可能有一成不变的模式，而是因客户具体情况而异。

③ 虽然理财规划经常以短期规划方案的形式表现，但就生命周期而言，理财规划是一项长期规划，它贯穿人的一生。

④ 理财规划通常是由专业人士提供的。

二、理财规划的目标

（一）理财规划的总体目标

每个人的理财目标千差万别，即使同一个人，在不同阶段的理财目标也不一样。一般而言，理财规划的目标可归结为两个层次：实现财务安全与追求财务自由。

保障财务安全是个人理财规划要解决的首要问题。衡量一个人或家庭的财物安全，主要有以下内容：①是否有稳定、充足的收入；②个人是否有发展的潜力；③是否有充足的现金准备；④是否有适当的住房；⑤是否购买了适当的财产和人身保险；⑥是否有适当、收益稳定的投资；⑦是否享受社会保障；⑧是否有额外的养老保障计划。

财务自由是指家庭或个人的收入主要来自主动投资而不是被动工作。

为了进一步了解财务安全、财务自由与个人（家庭）收入之间的关系（如图 1-1 所示），为了把问题简单化，我们假定：①工薪类收入与个人家庭支出是固定不变的；②工薪类收入不能满足支出总额；③投资收入随时间增长。其中：L 是工薪类收入线；C 是支出线；I 是投资类收入；T 是总收入，即投资收入和工薪类收入的总和。

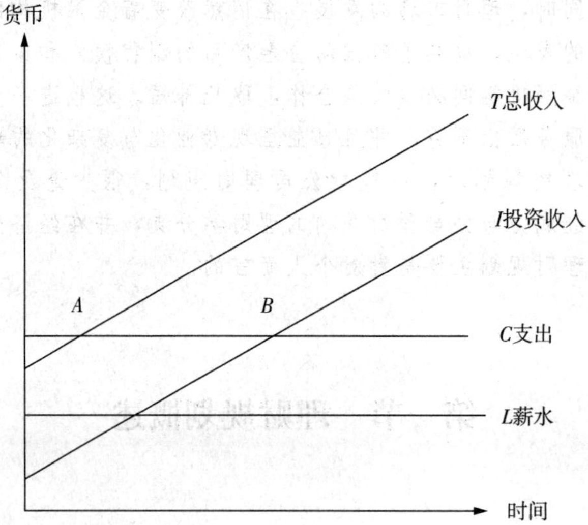

图 1-1　总收入、投资收入、工薪类收入和支出

由图 1-1 可以看出，在 A 点以前，支出超过总收入，个人可能需要借钱度日，这时达不到财务安全，更算不上财务自由；在 A 和 B 之间，支出在总收入以下，但在投资收入以上时，总收入可以完全弥补支出，这时达到了财务安全却没有达到财务自由；B 点以后，投资收入涵盖了全部支出时，这时才算达到了财务自由，个人不再为赚取生活费而工作，投资收入将成为个人收入的主要来源。

（二）理财规划的具体目标

1. 必要的资产流动性

为了满足日常开支、预防突发事件，个人有必要持有流动性较强的资产，以保证有足够的资金来支付短期内计划中与计划外的费用。

2. 合理消费支出

个人理财的首要目标并非个人理财价值最大化，而是使个人财务状况稳健合理。

3. 实现教育期望

教育规划本身缺乏时间与费用弹性，人们应及早对教育费用进行规划，实现个人（家庭）教育期望。

4. 完备的风险保障

在人的一生中，风险无处不在，突发事件都会不同程度地影响着个人（家庭）的生活。为抵御不测的突发和灾害，必须进行科学的理财规划，将意外事件带来的损失降到最低。

5. 积累财富

根据理财目标、个人投资额以及风险承受能力进行资产配置，使投资收入占家庭总收入的比重逐渐提高，带给个人或家庭财富逐渐增多，最终达到财务自由。

6. 合理纳税安排

纳税人在法律允许的范围内，通过对纳税主体的经营、投资等经济活动的事先筹划与安排，充分利用政策优惠与差别待遇，适当减少或延缓税负支出，达到整体税后收入最大化。

7. 安享晚年

据统计，到2050年，每3个人中就有1位老人，人口老龄化对社会保障覆盖面、养老金的支付能力提出挑战，所以有必要在青壮年时期进行财务规划，使人们过上有尊严、自立的老年生活。

8. 有效的财产分配与传承

理财规划可以对相关财产事先约定，协助客户对财产进行合理分配，满足家庭成员在家庭发展的不同阶段产生的各种需要，避免财产分配过程中可能发生的纠纷。个人财产如何传承，理财规划师要选择适当的遗产管理工具、制定遗产分配方案，使家庭财产代代相传。

三、理财规划的原则

（一）整体规划

整体规划原则既包含规划思想的整体性，也包含理财方案的整体性。理财方案通常不是一个单一性规划，而是一个包括现金规划、税收规划、退休规划、投资规划、风险管理以及遗产规划等单项规划在内的综合性规划。每个单项规划是针对某一方面的具体问题提供解决方案的，仅仅靠单项规划并不能全面实现客户理财目标，因此，理财规划必须是一个全面综合的整体性解决方案。

（二）提早规划

货币经过一段时间的投资和再投资可以进一步增值，由于货币具有这种特性，因此理财规划应及早开始，理财方案应尽早制定。

（三）现金保障优先

根据专业理财规划的基本要求，为客户建立一个能够帮助客户家庭在出现失业、灾难、大病等意外事件的情况下也能安然度过危机的现金保障系统十分关键，也是理财规划师进行任何理财规划前应首先考虑和重点安排的。一般来说，家庭建立现金储备包括以下两种：

1. 日常生活消费储备

对于多数家庭而言，一旦家庭主要经济收入创造者因为失业或其他原因失去劳动能力，往往会对整个家庭生活质量造成严重影响。为应对这一风险，理财规划师需要为客户建立日常生活消费储备，保障家庭的正常生活。

2. 意外现金储备

为了应对客户家庭因为重大疾病、意外灾难、突发事件等计划外开支而做的准备。意外现金储备中某些情况下也包含了应对家族的亲友出现生活、生产、教育、疾病等重大事件需要紧急支援的准备。

（四）风险管理优于追求收益

理财规划首先应考虑的因素是风险，而非收益。保值是增值的前提，理财规划师必须评估可能出现的各种风险，合理利用理财规划工具规避风险，并采取措施应对这些风险。

（五）消费、投资与收入相匹配

消费支出通常用于满足短期需求，投资则具有追求未来更高收益的特质，收入无疑是二者的源头活水。理财规划应正确处理消费、投资和收入之间的矛盾，形成资产的动态平衡，确保在投资达到预期目的的同时保证生活质量的提高。

（六）家庭类型与理财策略相匹配

基本的家庭模型有青年家庭、中年家庭、老年家庭三种。不同家庭形态，财务收支状况、风险承受能力各不相同，理财需求和具体理财规划内容、策略也不相同。一般来讲，青年家庭的风险承受能力比较高，理财规划的核心策略为进攻型；中年家庭的风险承受能力中等，理财规划的核心策略为攻守兼备型；老年家庭的风险承受能力比较低，因此理财规划的核心策略为防守型。

第二节 理财规划内容

个人理财规划是理财规划工作的重中之重，是针对客户整个人生而不是某个阶段的规划，人在不同的生命阶段有着不同的财务状况、不同的资金需求，这决定着客户各个阶段选择理财工具的种类、数量和理财目标也要有所区别。理财规划师之所以划分客户的生命周期，其目的在于划分客户所处的生命阶段，分析其在不同阶段的不同财务状况和理财目标，从而有效地对其进行个人理财规划设计。可以说，生命周期理论是整个理财规划的基础。

一、生命周期理论与家庭模型概述

（一）生命周期理论

由于婴儿期、童年期、青少年期没有独立经济来源，这三个时期通常不是理财规划的重要时期。而青年期、中年期、老年期则是进行理财规划的三个重要时期。将理财规划的重要时期进一步细分，可以分为五个时期。

1. 单身期

单身期指从参加工作到结婚这段时期，一般为 2～8 年，这时客户年龄一般为 22～30

岁。在这个时期，一个人刚刚迈入社会开始工作，收入低且开销大，但这个时期又往往是家庭资金的原始积累期。

2. 家庭与事业形成期

家庭与事业形成期指从结婚到新生儿诞生的这段时期，一般为 1～3 年。此时家庭最大支出一般为购房支出，对此应仔细规划。另外，此时应开始考虑高等教育费用的准备，以减轻子女未来接受高等教育时的资金压力。

3. 家庭与事业成长期

家庭与事业成长期指子女出生到子女完成大学教育的这段时期，一般为 18～22 年。对于这一时期的家庭而言，应设法提高家庭资产中投资资产的比重，逐年累增净资产。

4. 退休前期

退休前期指子女参加工作到个人退休之前，一般为 10～15 年。在这个时期，家庭已经完全稳定，子女开始经济独立，家庭收入增加，支出减少，此时个人的事业一般处于巅峰状态，但身体状况开始下滑。这一时期，最重要的应该准备退休金，并在资产组合中适当降低风险高的金融资产的比重，获取更加稳健的收益。

5. 退休期

退休期指退休后这段时间。进入退休期，客户承受风险能力下降，对资金安全性的要求远远高于收益性，所以在配置资产上要进一步降低风险。

（二）家庭模型

基本的家庭模型有三种：青年家庭、中年家庭、老年家庭。家庭模型主要根据家庭收入主导者的生命周期而定，家庭收入主导者的生理年龄在 35 周岁以下的家庭为青年家庭，家庭收入主导者的生理年龄在 55 周岁以上的家庭为老年家庭，介于两者之间的为中年家庭。

二、不同生命周期、不同家庭模型下的理财规划

表 1－1 具体说明了理财规划在不同生命周期、不同家庭模型中的应用。

表 1－1 不同生命周期、不同家庭模型下的理财规划

生命周期	家庭模型	理财需求分析	理财规划
单身期	青年家庭	1. 租赁房屋	1. 现金规划
		2. 满足日常开支	2. 消费支出规划
		3. 偿还教育贷款	3. 投资规划
		4. 储蓄	
		5. 小额投资积累经验	
家庭与事业形成期		1. 购买房屋	1. 消费支出规划
		2. 子女出生与养育	2. 现金规划
		3. 建立应急基金	3. 风险管理规划
		4. 增加收入	4. 投资规划
		5. 风险保障	5. 税收规划
		6. 储蓄和投资	6. 子女教育规划
		7. 建立退休资金	7. 退休养老规划

（续表）

生命周期	家庭模型	理财需求分析	理财规划
家庭与事业成长期	中年家庭	1. 购买房屋、汽车	1. 子女教育规划
		2. 子女教育费用	2. 消费支出规划
		3. 增加收入	3. 风险管理规划
		4. 风险保障	4. 投资规划
		5. 储蓄和投资	5. 退休养老规划
		6. 养老金储备	6. 现金规划
			7. 税收规划
退休前期		1. 提高投资收益的稳定性	1. 退休养老规划
		2. 养老金储备	2. 投资规划
		3. 财产传承	3. 税收筹划
			4. 现金规划
			5. 财产传承规划
退休期	老年家庭	1. 保障财务安全	1. 财产传承规划
		2. 遗嘱	2. 现金规划
		3. 建立信托	3. 投资规划
		4. 准备善后费用	

三、理财规划的主要内容

根据以上的生命周期理论与家庭模型，现将客户在整个生命周期中的理财规划内容简单介绍如下。

（一）现金规划

现金规划的基本内容是对家庭或者个人日常的现金及现金等价物的管理。现金规划的核心是建立应急基金，保障个人和家庭生活质量、状态的持续性稳定。

（二）消费支出规划

消费支出规划主要基于一定的财务资源，对家庭消费水平和消费结构进行规划，以达到适度消费，稳步提高生活质量。

（三）教育规划

教育规划是在搜集客户的教育需求信息、分析教育费用的变动趋势并估算教育费用的基础上，为客户选择适当的教育费用的准备方式及工具，制定并根据因素变化调整教育规划方案。

（四）风险管理与保险规划

风险管理与保险规划是指客户对风险的识别、衡量与评价，并在此基础上选择与优化组合各种风险管理技术，对风险实施有效控制和妥善处理风险所致损失的后果，以尽量小的成本去争取最大的安全保障和经济利益的行为。

（五）税收筹划

个人税收筹划是在纳税行为发生前，在法律允许的范围内，通过对纳税主体的经营、投资、理财等经济活动的事先筹划和安排，充分利用税法提供的优惠和差别待遇，以减轻税负，达到整体税后利润最大化的过程。

（六）投资规划

投资规划是根据客户投资理财目标和风险承受能力，为客户制定合理的资产配置方案，构建投资组合来帮助实现理财目标的过程。

（七）退休养老规划

退休养老规划是为保证客户在将来有一个高品质的退休生活，而从现在开始积极实施的规划方案。

（八）财产分配与传承规划

财产分配规划是指为了家庭财产在家庭成员之间进行合理分配而制定的财务规划。财产传承规划是指当事人在其健在时通过选择遗产管理工具和制定遗产分配方案，将拥有或控制的各种资产或负债进行安排，确保在自己过世或丧失行为能力时，能够实现家庭财产的代际相传或安全让渡等特定目标。

第三节　理财规划职业

一般来说，个人金融服务体系分为三个层次：大众银行大众理财、富裕银行贵宾理财、私人银行财富管理。在这三个服务层次中，不同类别的产品和服务的利润水平差异显著，从前往后呈现出逐步升高的趋势，私人银行业务居于顶端。

由于一般金融机构面对的个人理财通常是中低端的普通客户，因而我们常说的个人理财常常被称为大众理财。这一层次的服务对象主要为银行存款平均数额不高、收入中等以下的客户。一般而言，这部分客户占到银行个人账户总数的80%以上。银行对于这类人提供的服务通常仅限于传统的银行产品和服务，很少提供个性化的理财服务。

富裕银行贵宾理财通常面向的对象是该金融机构的 VIP 客户，其家庭收入在社会群体中一般居于前15%～20%，在银行个人账户总数中的比例约占10%。其可获得的服务主要包括可获得较高的信用额度，理财专柜、理财窗口或贵宾室可优先办理业务等。

私人银行财富管理服务是一项高端金融服务，其业务基础是高净值财富，服务对象是拥有高净值财富的个人，目的是以客户需求为核心提供个性化金融服务。海外具有高净值财富的客户在银行账户总数中所占的比例只有1%左右。这一客户群体的人数很少，但手中掌握的财富十分可观。因此，为了减少这部分高端客户的流失，商业银行通常专门成立私人银行部，由私人银行家向客户提供全方位、个性化的理财服务。

本章小结

本章主要介绍理财规划基础，包括理财规划的目标、生命周期理论、家庭模型和理财规划的内容。若想成为一名合格的理财规划师，要全面掌握本章的核心思想，从整体上把握理财规划的运作方法。

复习思考题

一、单项选择题

1. 下列对理财的理解，表述不正确的是(　　)。

A. 理财关注客户的整体需求，是实现金融顾问式营销的重要手段

B. 理财应关注客户的生命周期，尽量不要为客户制定短期规划

C. 理财是个性化的，客户不同，理财服务重点也不同

D. 理财规划通常由专业人士提供

2. 个人理财规划要解决的首要问题是(　　)。

A. 财务预算　　B. 收支相抵　　C. 财务安全　　D. 财务自由

3. 在表示收入与支出的坐标轴中，当(　　)位于支出线的上方时，我们说该客户实现了财务安全。

A. 总收入　　B. 投资收入　　C. 工资收入　　D. 其他收入

4. (　　)不属于意外现金储备的支付范围。

A. 重大疾病　　B. 意外灾难

C. 犯罪事件　　D. 突然失业或者失能

5. 应对客户家族的亲友出现生产、生活、教育、疾病等重大事件需要紧急支援储备属于(　　)。

A. 日常生活覆盖储备　　B. 意外现金储备

C. 投资资金储备　　D. 风险覆盖储备

6. 王先生和张小姐是一对年轻白领夫妇，对风险的承受能力比较高，对于这样的家庭，理财规划的核心策略是(　　)。

A. 月光型　　B. 进攻型　　C. 攻守兼备型　　D. 防守型

7. 某客户61岁，今年刚退休，手中有工作期间积攒的存款10万元，下列(　　)是该客户适宜的投资产品。

A. 成长型基金　　B. 保险　　C. 国债　　D. 平衡型基金

8. 王某多年经商，资产过亿，富甲一方。他希望对其个人财产提供最高层次的经营管理，则符合王某要求的个人理财服务类型是(　　)。

A. 大众银行大众理财　　B. 富裕银行贵宾理财

C. 私人银行财富管理　　D. 外资银行VIP服务

二、多项选择题

9. 保证财务安全是个人理财规划要解决的首要问题，一般来说衡量一个人或家庭的财务安全包括以下内容(　　)。

A. 是否有稳定、充足的收入　　B. 个人是否有发展的潜力

C. 是否有充足的现金准备　　D. 是否有适当的住房

E. 是否购买了适当的财产和人身保险

10. 理财规划原则包括(　　)。

A. 整体规划　　B. 提早规划　　C. 现金保障优先

D. 风险管理优于追求收益　　E. 消费、投资与收入相匹配

11. 下列关于理财原则的说法中，(　　)体现了理财的整体规划原则。

A. 整体规划原则是指规划思想的整体性

B. 为了防范客户家庭遭受风险的可能性，需要为客户建立风险储备

C. 作为理财规划师需要综合考虑客户的财务状况与非财务状况

D. 只有综合考虑客户整体状况，才能提出符合客户实际和目标预期的规划

E. 应将客户的消费与投资结合进行分析

12. 根据生命周期理论，将理财规划的重要时期进一步细分，可以分为(　　)。

A. 单身期　　B. 家庭与事业形成期

C. 家庭与事业成长期　　D. 退休前期

E. 退休期

13. 单身期的理财规划侧重于(　　)。

A. 现金规划　　B. 消费支出规划　　C. 教育规划

D. 财产分配规划　　E. 投资规划

14. 某客户 50 岁，计划 60 岁退休，则他需要进行(　　)。

A. 退休养老规划　　B. 投资规划　　C. 现金规划

D. 风险管理与保险规划　　E. 财产传承规划

第二章　理财规划师的工作流程和工作要求

学习目标

通过本章的学习，掌握理财规划师的基本工作程序及每一步具体的工作要求。

专业术语

理财规划；服务合同；个性偏好分析模型；财务状况

案例导入

沟通谈判中说服客户的十大策略

一、管理好自己的情绪

所谓人非圣贤，意思是指人总是会有犯错误的时候。人非草木，意思是指人都是有思想感情的，容易为外界事物所打动，不同于无知觉、无感情的草木。

一个人如果不能管理好自己的情绪，他就不能管理好自己的思想行为。作为一个销售人员，不能使自己的情绪太低落，从而易怒、易躁、失意。这样既伤害了顾客，又伤害了自己。

推销员如果把这样的消极的情绪带到工作里，带进销售中，那么，销售过程就会变得很负面。销售是一种很艰难的工作，销售的另一个名词就是“拒绝”。拒绝会带来悲伤、挫折、失意等负面情绪。如果销售人员不能迅速调整自己的情绪，那么，就可能被负面的影响打倒，从而导致销售失败。

二、用积极的情绪来感染客户

人是情绪化的动物，客户亦然。销售是信息的传递、情绪的转变。大部分客户购买策略是建立在情绪化的、感性化的基础之上的。销售人员绝不可能把不好的情绪传递给客户。因为这样做的结果一是使销售流产，二是给顾客一个不好的印象。

三、准备工作

① 专业知识的准备：对自己的产品要有100%的了解和绝对的信心。对自己销售的产品越了解，顾客就对销售人员越有信心，销售人员就越有说服力。

② 精神上的准备：把自己的情绪调节到最佳状态。

③ 体能上的准备：人有能力，但没有强健的体魄是不行的。充沛的精力亦必不可少。

④ 工具上的准备：比如自己的着装、公文、样品、相关证件和推荐函等。

四、寻找准客户

大街上所有的人都是顾客，但很大一部分不是自己的顾客。顾客总是存在的，问题是如何寻找这些顾客，方法是要求先求质后求量的。

五、建立信赖感

在销售领域，彼此没有信赖感是无法达成任何销售的，要以诚待人。

六、激起顾客的兴趣

顾客对产品产生兴趣是购买的基础，故要设法激起其兴趣。

七、了解顾客的购买行为，寻找顾客核心情感的需求

顾客购买既有情绪的理由，也有理智的理由，要通过察言观色来了解顾客的真实想法。

八、让顾客产生购买的欲望

二流销售员是满足顾客的需求。一流销售员是创造顾客的需求，即所谓“攻心为上”。

九、承诺与成交

承诺的关键是完成承诺，要给顾客一个保证，保证顾客购买产品不会有任何风险，保证产品确实可以对顾客有用。在承诺时要注意，不能许下做不到的承诺。如果顾客相信承诺是真实有效的，那么销售人员就可以试探着与顾客成交。

十、刺激销售量

一流的销售员既要有零售，又要有批发，一流的销售人员必须善于挖掘顾客的购买潜力。

第一节　建立客户关系

一、和客户交谈与沟通

（一）理财规划师的态度

1. 尊敬

理财规划师应无条件地尊敬客户、重视客户，把每一个客户都当作独一无二的人来对待。

2. 真诚

理财规划师应以真面目示人，以开诚布公的态度和客户沟通，以此来拉近双方的心理距离，保持自己的本性、说真话、尽职尽责，努力接近客户的内心。

3. 理解和包容

理财规划师应准确地把握客户的心理世界，让客户觉得理财规划师一直在倾听，跟着他的思路走，懂得他的感受。同时理财规划师应怀着一颗包容的心，要让客户感觉到他的包容。

4. 自知

理财规划师有必要清晰地认识自己，尤其是自己的观点和态度。规划师对自己了解得越多，就越能理解和评价自己的行为，从而学会控制自己，避免将自己的价值判断强加给客户。

（二）交流如何开始

理财规划师应选择一个合适的交流环境。好的交流环境能让彼此心情愉悦、轻松自如。开场白一般是理财规划师先简单地自我介绍一下；然后说明接下来的工作流程，将使

用什么样的讨论方式，要占多长时间；再谈谈双方的合作关系；最后告诉客户通过交谈、交流可以期望得到什么样的结果。

二、确定客户关系

（一）签订理财规划服务合同

1. 理财规划服务合同签订程序

① 理财规划师应准备好合同文本。

② 将合同交给客户，提醒客户认真阅读合同所有条款，并对客户理解有误或不理解的条款向客户做详细的解释。

③ 审查客户的身份，确认客户有签订合同的行为能力。

④ 如果客户对合同内容无异议，同意签署合同，则要求客户当面在相应的位置签字。

2. 注意问题

① 签订合同应以所在机构的名义，不能以个人名义。

② 理财规划师在向客户解释合同条款时，如果发现某一条款存在理解上的歧义，则提请所在机构的相关部门进行修改。

③ 不得向客户做出收益保证或者承诺，不得向客户提供虚假或误导性信息。

④ 合同签订完毕后，规划师应将原件送往所在机构档案管理部门存档，并留存复印件。

（二）理财规划服务合同的形式和内容

1. 理财规划服务合同的形式

理财规划合同宜采用书面形式，而不宜采用口头形式与默示形式。一般而言，理财规划师提供理财规划服务均不是个人行为，而是代表规划师所在机构的行为。

2. 理财规划服务合同的主要条款

① 当事人条款。在理财规划合同中，当事人是客户与理财规划师所在机构。

② 鉴于条款。鉴于条款并不是合同的必备条款，但在合同中设有鉴于条款有利于清楚地表明双方的签约目的，在发生纠纷时，鉴于条款可以用以探究当事人的真实意思表示。鉴于条款与当事人条款都不是合同主文中的内容，如果鉴于条款与主文的内容相抵触，则以主文的内容为准。

③ 委托事项条款。该项条款是合同的核心内容，是约定客户委托规划师所在机构所办理事项的具体内容。

④ 理财服务费用条款。该项条款就是约定客户如何向理财规划师所在机构支付服务费的条款。

⑤ 陈述与保证条款。该条款规定，客户承诺向理财规划师如实陈述事实，理财规划师本人和所在机构亦承诺向客户提供真实信息，如有一方提供虚假信息，造成的损失自己承担。

⑥ 当事人权利与义务。该条款规定合同各方的权利与义务。

⑦ 违约责任。违约责任是对不依据或不履行合同约定一方的惩罚。

⑧ 争议解决。争议解决方式主要包括协商、诉讼与仲裁。如果协商能够解决，则双方均可减少麻烦。如果协商不能解决，则要通过诉讼或仲裁方式解决。

⑨ 特别声明条款。理财规划师所在机构在与客户签订理财规划合同时，通常采用预先印制或者预先准备的合同，这种合同被称为格式合同。格式合同在发生争议时，会做出对格式合同人不利的解释，为避免不利后果，合同中通常会约定特别声明条款，由客户声明已经清楚阅读并全部理解合同条款，双方确认该合同不是格式合同。

第二节 搜集客户信息

一、客户财务信息的收集和整理

财务信息是指客户目前的收支情况、资产负债状况与其他财务安排，以及这些信息的未来的变化情况。

二、客户非财务信息的收集和整理

（一）客户个人基本非财务信息

客户非财务信息主要包括姓名和性别、职业和职称、工作的安全程度、出生日期和地点、健康状况、子女信息、婚姻状况、联系方式等。

（二）客户心理和性格特征

理财规划师通过与客户沟通和交流，需掌握客户心理与性格的基本特征，并根据这些特征选择适合客户的理财建议与策略。

1. 客户个性偏好分析模型

Philips 与 Bergquist（1999）认为，所有个体都在寻找一种能够实现生活价值与意义的方式。这个理论是建立在马斯洛的自我价值实现理论上的。按照这个理论，可将客户分为四种类型：现实主义者、理想主义者、行为主义者与实用主义者。

2. 客户心理分析模型

客户心理分析模型主要是指荣氏模型（1920）以及 Keirsey 与 Bates 模型（1984）。荣氏模型将人的心理分为四种基本类型：外在感应型、直觉型、思想型与内在感应型。在此基础上，Keirsey 与 Bates 又将个人性格划分为八种类型：外向型、内向型、感官型、直觉型、思考型、感觉型、理智型、感知型。

3. 客户风险偏好

一般而言，客户风险偏好可分为五种类型：保守型、轻度保守型、中立型、轻度进取型、进取型，见表 2－1。

表 2－1 客户投资偏好分类

类型	资产组合	增值潜力
保守型	成长性资产：30％以下	资产增值可能性很小
	定息资产：70％以上	
轻度保守型	成长性资产：30％～50％	资产有一定的增值潜力
	定息资产：50％～70％	

（续表）

类型	资产组合	增值潜力
中立型	成长性资产：50%～70%	资产有一定的增值潜力，资产价值有一定的波动
	定息资产：30%～50%	
轻度进取型	成长性资产：70%～80%	资产有较大的增值潜力，但资产价值波动较大
	定息资产：20%～30%	
进取型	成长性资产：80%～100%	资产增值潜力很大，资产价值波动也很大
	定息资产：0%～20%	

三、了解客户的期望理财目标

理财目标是客户通过理财规划所要实现的目标。客户在寻求理财规划师帮助的同时，心中已有自己设想的期望目标。一个合理的理财目标，是理财规划师根据客户的财务状况，综合客户的投资偏好、风险偏好与其他信息形成的。一般而言，理财规划师在帮助客户形成合理的理财目标是制订合适的理财方案的关键步骤之一，那么，在收集客户信息时，理财规划师要做的就是了解客户的期望目标情况。

第三节　财务分析与评价

一、编制客户财务报表

编制客户财务报表，一般包括编制个人资产负债表、编制个人收入支出表。

二、分析客户财务状况

（一）资产负债表分析

1. 资产情况分析

资产是指客户拥有所有权的各类财富。客户是否拥有所有权是判断一项财富是否属于客户资产的标准。为真实反映客户资产情况，必须对各类资产进行合理的定价。

2. 负债情况分析

对客户负责的测算应该本着谨慎的原则进行，对于尚未确定数额的债务，理财规划师应帮助客户进行评估测算，尽量选取较大数值填入资产负债表中。坚持负债测算的谨慎性原则有助于规划师真实全面地了解客户的负债情况。

3. 净资产分析

净资产是客户总资产减去负债总额后的余额。

扩大净资产规模的途径：取得投资收益、工资薪金增加、继承遗产或接受馈赠、由于减税等使得部分债务得以免除。

除了关注净资产规模外，规划师还应进行必要的结构比例分析。如果客户净资产占其总资产比例过大，说明客户还没有充分利用财务杠杆去支配更多的资产；比例较低的客户，规划师应建议采取扩大储蓄投资的方式提高净资产比例；比例适当的客户，应建议继续保持；对于净资产接近负值的客户，如何尽快偿还债务并提高资产流动性才是当务之急。

（二）收入支出表分析

1. 对客户的收入支出表进行分析的作用

① 收入支出表能够说明客户现金流入和流出的原因。

② 收入支出表可以深入反映客户的偿债能力。

③ 收入支出表能够反映理财活动对财务状况的影响。

2. 对客户收入支出表进行分析应注意的问题

① 理财规划师首先应具体分析各收入支出项目的数额及其在总额中所占的比例。

② 理财规划师应重点关注对客户财务状况影响较大的经常性项目。

③ 任何客户都应努力保持正的现金流量。

第四节　制定理财规划方案

一、确定客户理财目标

（一）理财目标确定的原则

1. 理财目标必须具有现实性

例如，客户可用于投资的资金是 10000 元，其理财目标是该笔钱在年底变成 100000 元，这显然是不现实的。

2. 以改善客户财务状况，使之更加合理为主旨

客户总体财务状况的改善，往往能够给客户带来更大的收益，相对于通过投资创造收益更具有稳健性和确定性。

3. 理财目标要具体明确

理财目标越具体，越具有操作性，对于制定理财规划越有帮助。

4. 理财目标必须考虑客户的现金准备

日常生活中，任何人都会有意想不到的支出，如果没有现金准备，就会影响日常的正常生活。

5. 理财目标要兼顾不同的期限和先后顺序

一般而言，客户的理财目标不止一个，理财规划师应结合客户的具体情况，对客户的理财目标按重要程度与紧迫程度进行重新排列，从而在理财计划中确定实现的步骤。

（二）理财目标确定步骤

① 理财规划师应了解客户的财务状况与非财务状况，并通过交流和沟通，了解到客户的投资需求、风险偏好与投资目标等主观判断信息。在确定客户的理财目标前，先要征询客户的期望目标。

② 理财规划师根据对客户财务状况与期望目标的了解，初步拟定客户的理财目标后，应再次征求客户意见，并取得客户的确认。如果客户明确表示反对，规划师应要求客户以书面形式提出自己的理财目标。

③ 在制定理财方案的过程中，如果理财规划师对已确定的理财目标有改动时，必须对客户说明，并征求客户同意，以避免在以后的合作中出现纠纷。

二、制定具体规划方案

理财规划方案内容主要包括现金规划、风险管理规划、家庭消费支出规划、教育规划、税收规划、投资规划、退休养老规划、财产分配与传承规划。

三、交付理财规划方案

（一）理财规划方案的首次交付

1. 制作文件文本

理财规划师应认真制作整套文本。为便于客户对方案的阅读与理解，规划师应对方案文本进行检查，避免出现错误。

2. 交付方案文本

文件文本制作完毕后，规划师应和客户联系，确定交付方案的时间、地点。在整个见面的过程中，理财规划师应重申方案实施的成本，帮助客户理解理财方案。在向客户交付方案后，应让客户自行对方案进行深入理解。

（二）理财方案的修改

① 根据其他专业人士的意见改进理财方案。

② 根据客户意见改进理财方案。

③ 因理解偏差而修改理财方案。

（三）客户声明

当理财方案经过必要的修改，最终交付客户后，客户相信自己已经完全理解了整套方案，并对方案内容表示满意，此时规划师可以要求客户签署客户声明。

一般而言，客户声明包括以下四个内容：①已经完整阅读该方案；②信息真实准确，没有重大遗漏；③规划师已就重要问题进行了必要解释；④接受该方案。

第五节　实施理财规划方案

一、取得客户授权

客户授权包括两部分内容：代理授权、信息披露授权。

（一）代理授权

理财规划师在行使代理权时，应注意以下两点：

1. 亲自行使代理权

客户之所以委托规划师为自己服务，是基于对规划师的信赖，所以，理财规划师必须亲自处理相关事务。

2. 忠实谨慎

规划师在行使代理权时，必须从客户利益出发，忠实谨慎地处理事务。

（二）信息披露授权

理财规划师没有得到客户的同意，擅自将客户的个人信息泄露，无疑会引起客户的不满，甚至会引起法律纠纷。为避免此类事件的发生，规划师必须取得客户书面的信息披露授权书，授权书中应对规划师可以对外披露客户信息的条件、场合、披露程度等内容进行规定。

二、客户声明

签署授权书后，还应出具一份关于方案实施的声明。与客户出具的关于理财方案制定的声明不同，这一份声明是针对理财规划师的。

这份客户声明主要包括以下内容：①关于理财规划师资质的声明；②关于客户许可的声明；③关于客户实施效果的说明；④其他双方认为应当声明的事项。

三、具体实施

上面两个步骤完成后，规划师就可以开始具体实施理财方案，实施过程应注意以下几方面因素。

（一）时间因素

客户理财目标，通常会有很多具体工作步骤，这需要规划师对具体工作按照轻重缓急进行排序，即编制一个具体的时间计划，明确各项工作的前后次序。

（二）人员因素

方案是一个复杂的整体方案，规划师虽然通常是理财专家，但不可能面面俱到。所以，仅靠规划师自身是很难完成全部方案的实施工作的，因此，方案实施计划需要根据理财方案确定参加方案的实施人员。

（三）资金因素

理财规划必然涉及对客户的资金运用，在考虑资金因素时应注意以下两点：

1. 资金时效

资金是时间价值很明显的资产，在运用时应注意避免对资金的不合理占用。

2. 资金充足

要提高投资收益，不仅要抓住时机，还必须保证资金充足。如果在资金使用时不能做到资金充足，就会导致预先的规划措施无法得到彻底贯彻，那么相关的规划意图就无法充分实现。

第六节 持续提供理财服务

一、定期对理财方案进行评估

（一）适用情况

有很多相关因素是缓慢变化的，稍微一点变化对理财方案的整体效果不会产生太大影响，但经过长时间积累，会使原方案与现实严重脱节。这就需要规划师定期对理财方案的执行与实施情况进行监控与评估。

(二) 评估频率

定期评估的频率可以在双方签订理财服务协议时商定。评估频率主要取决于以下因素：

① 客户资本规模。

② 客户个人财务状况变化幅度。

③ 客户投资风格。

(三) 评估步骤

① 回顾客户的目标与需求。

② 评估当前方案的效果。

③ 研究环境的变化。

④ 考察在新情况下，原有的方案是否可以达到最终目标。

⑤ 向客户解释新方案。

⑥ 实施新方案。

二、不定期的信息服务与方案调整

不定期的信息服务发生在出现某些突发情况时，主要包括以下情况：

① 宏观经济的重要参数发生变化。

② 金融市场中的重大变化。

③ 客户自身情况的突然变动。

本章小结

本章主要阐述理财规划师的工作流程，包括建立客户关系、收集客户信息、分析客户的财务状况、制定理财规划方案、实施理财规划方案、持续提供理财服务。本章知识更多的是需要通过以后的实践来不断学习与加深理解。

复习思考题

一、单项选择题

1. 关于签订理财规划服务合同，说法错误的是(　　)。

A. 签订理财规划服务合同应以理财规划师的名义

B. 理财规划师在向客户解释合同条款时，应注意合同条款中是否有理解歧义的地方

C. 不得向客户做出收益保证或承诺

D. 合同签订后应将原件交给相关部门存档

2. 如果客户的净资产占总资产比例过大，说明(　　)。

A. 客户家庭财务结构很合理

B. 客户家庭可以通过增加债务进一步优化财务结构

C. 客户家庭支出过多，应开源节流

D. 客户家庭资产配置状况良好

3. 关于理财目标的确定原则说法错误的是(　　)。

A. 理财目标需要遵守客户意愿

B. 以改善客户财务状况，使之更加合理为主旨

C. 理财目标必须具有现实性

D. 理财目标要具体明确

4. 理财方案建议书经过修改最终交付客户后，需要客户签署声明书，一般来说，客户声明不包括(　　)。

A. 已经完整阅读该方案

B. 信息真实准确，没有重大遗漏

C. 规划师已就重要问题进行了必要解释

D. 完全接受该方案

5. 客户在签署授权书给理财规划师后，应出具一份关于方案实施的声明，该声明的内容包括(　　)。

A. 已经完整阅读理财方案

B. 信息真实准确，没有重大遗漏

C. 客户接受理财方案

D. 关于实施效果的说明

二、多项选择题

6. (　　)是理财规划服务合同的必备条款。

A. 当事人条款　　B. 委托事项条款　　C. 理财服务费用条款

D. 鉴于条款　　E. 争议解决条款

7. 荣氏模型将人的心理划分为(　　)。

A. 直觉型　　B. 思想型　　C. 冲动型

D. 内在感应型　　E. 外在感应型

8. 净资产越大，说明个人拥有的财富越多，可以通过(　　)方式来提高家庭的净资产。

A. 工资薪金增加　　B. 提高投资收益率　　C. 接受馈赠

D. 减税　　E. 接受继承

9. 理财规划师在对客户的收入支出表进行分析时，应特别注意(　　)。

A. 理财规划师首先应具体分析各收入支出项目的数额及其在总额中所占的比例

B. 应重点关注对客户财务状况影响较大的经常性项目

C. 任何客户都应努力保持正的现金流量

D. 理财师应关注减少客户家庭的债务负担

E. 理财师应着重关注家庭资金配置合理性

第三章　理财计算基础

学习目标

通过本章的学习，应掌握货币时间价值的相关计算，熟悉各种收益率的含义、计算方法及风险的度量指标。

专业术语

单利；复利；年金；预期收益率；净现值；内部收益率；持有期收益率；到期收益率；贴现收益率；必要收益率；息票收益率；β系数

案例导入

从理财的八大规划来看，几乎每个规划都会涉及计算，如果不会理财当中的相关计算，那么理财规划师就无法为客户提供理财规划建议书，更不用说为客户提供合理的具有实践指导意义的理财建议。

所以，掌握理财的相关计算是一名合格的理财规划师必须具备的，这一章列出了理财规划中常用的相关计算。通过本章的学习，理财规划师应能熟练地应用这些计算方法，为做理财规划打好基础。

第一节　概率基础

一、随机事件

随机试验：为了研究随机现象，就要对客观事物进行观察，观察的过程都是随机试验。随机试验具有三个特点：

① 在相同的条件下，可重复进行。

② 每次实验的结果具有多种可能性，并且在试验之前知道试验的所有可能的结果。

③ 在每次试验之前，不知道这次试验将出现哪种结果。

例如，拿一枚质地均匀的硬币上抛一次，观察结果，这个过程就称为随机试验。出现正面是一个随机事件，出现反面也是一个随机事件。

二、概率

概率是度量某一事件发生的可能性的方法。它的值介于 0 和 1 之间。概率分布是不确定事件发生的可能性的一种数学模型。

（一）概率的应用方法

1. 古典概率

其同时具有以下两个特征：一是在试验中它的全部可能结果是有限的，并且这些事件是两两互不相容的；二是各事件的出现或发生是等可能的，即发生的概率都一样。

2. 统计概率

其是通过观察发生频率的方法来寻找其内在的规律。例如，观察某只股票连续100天股价变动的样本，每天的股价波动与一个单独的事件类似，其中30天上涨，则该只股票上涨的概率为30%。

3. 主观概率

其是某人对事件发生或对某断言真实性的自信程度。例如，中央银行最近一个月加息的概率是多大。

（二）基本概率法则

1. 概率的加法

（1）非互不相容事件概率的加法

计算公式：

$$P(A\text{或}B)=P(A+B)=P(A)+P(B)-P(AB)$$

（2）互不相容事件概率的加法

计算公式：

$$P(A\text{或}B)=P(A+B)=P(A)+P(B)$$

2. 概率的乘法

（1）不独立事件的乘法

当 A 和 B 不独立时，A 和 B 同时发生的概率：

$$P(AB)=P(A)\times P(B/A)$$

其中，$P(B/A)$ 是在给定 A 发生的条件下 B 发生的概率。

（2）独立事件的乘法

当 A 和 B 独立时，A 和 B 同时发生的概率：

$$P(AB)=P(A)\times P(B)$$

第二节　统计基础

一、常用统计量

（一）算数平均数

1. 直接法

设某一资料包含 n 个观察值：X_1，X_2，…，X_n，则样本平均数：

$$\overline{X}=\frac{X_1+X_2+\cdots+X_n}{n}=\frac{\sum_{i=1}^{n}X_i}{n}$$

2. 加权法

加权平均数的计算公式：

$$\overline{X}=W_1X_1+W_2X_2+\cdots+W_nX_n$$

其中，X_n 为第 n 组的组中值；W_n 为第 n 组的值在资料中所占的比重。

（二）几何平均数

几何平均数的一般计算公式：

$$G=\sqrt[n]{x_1x_2x_3\cdots x_n}$$

当已知各期的收益率情况，求跨期收益率计算公式：

$$1+r=\sqrt[n]{(1+r_1)(1+r_2)(1+r_3)\cdots(1+r_n)}$$

其中，r 为几何平均收益率；r_n 为第 n 期的增长率或收益率。

（三）中位数

要衡量一组数据的相对集中位置，通常算术平均数能很好地解决，但是，当一组数据中出现异常值，或数据是一个偏态分布时，用算术平均数来衡量一组数据的相对集中的位置，将不能真实地反映数据的情况，而中位数恰好能避免这样的问题。

将资料内的所有观测值从小到大或从大到小依次排列，位于中间的那个观测值称为中位数。当观测值的个数是偶数时，则以中间两个观测值的平均数作为中位数。

（四）众数

一组数据中出现次数最多的变量值称为众数。众数是一个位置的代表值，它不受数据中极端值的影响，主要用于测度分类数据的集中趋势。

（五）数学期望

本书中讨论的是最简单的离散型随机变量的数学期望。一个离散型随机变量的数学期望的值是试验中每次可能结果的概率乘以其结果的总和，公式：

$$E(X)=\sum_{n=1}^{n}X_iP_i=X_1P_1+X_2P_2+\cdots+X_nP_n$$

（六）方差和标准差

1. 方差

它描述一组数据偏离平均数的大小，度量的是随机变量的波动程度。其公式：

$$D(X)=E\{X-E(X)\}^2$$

如果 X 是离散型随机变量，并且 $P\{X=X_n\}=P_n$，那么

$$D(X)=\sum_{n=1}^{\infty}\{X_n-E(X)\}^2P_n$$

2. 标准差

它是一组数值与平均值的分散程度的一种测量观念。一个较大的标准差，代表大部分的数值与其平均值之间差异较大；反之，则接近平均值。通常先计算方差，再计算方差的平方根，就是标准差。

（七）协方差

协方差是用来表示两个变量如何相互作用的。对于二元随机变量(X, Y)，称数值$E\{[X-E(X)][Y-E(Y)]\}$为X与Y的协方差，记作$\mathrm{Cov}(X, Y)$，即

$$\mathrm{Cov}(X, Y)=E\{[X-E(X)][Y-E(Y)]\}$$

如果证券X的价格随证券Y的价格一起升(或降)，则协方差为正；如果证券X的价格随证券Y的价格上升(或下降)，反而下降(或上升)，则协方差为负；如果两个证券独立运动，互不影响，则协方差为0。

（八）相关系数

相关系数是度量两个变量之间的相关性程度的指标。相关系数ρ的计算是通过用X与Y的协方差除以X与Y的标准差的乘积求得，即

$$\rho=\frac{\mathrm{Cov}(X, Y)}{\sqrt{D(X)}\sqrt{D(Y)}}$$

相关系数的大小在-1与1之间。如果$\rho=1$，则X与Y有完全的正线性相关关系；如果$\rho=-1$，则两者有完全的负线性关系；如果$\rho=0$，则两者不相关。

在构建投资组合时，如果不同证券收益率的相关系数越小，风险分散化效应也就越强。

第三节　收益与风险

一、货币的时间价值

（一）货币的时间价值的概念

货币的时间价值是在不考虑风险因素与通货膨胀的情况下，作为资本使用的货币在其被运用的过程中，随着时间推移而带来的一部分增值价值。

例如，今天将1000元存入银行，在银行利率是10%的情况下，一年以后会得到1100元，多出的100元利息就是1000元经过一年时间的投资所增加的价值，即货币的时间价值。显然今天的1000元与一年以后的1100元相等。由于不同时间的资金价值不同，所以，在进行价值大小对比时，必须将不同时间的资金折算为同一时间后才能进行大小的比较。

（二）货币的时间价值的计算

本章有关金融计算器的详细操作使用说明会在第四章做重点介绍。下面将对货币的时间价值计算的类型分别进行讲解。

1. 单利终值与现值的计算

单利是只计算本金所带来的利息，而不考虑利息再产生的利息。

（1）单利终值的计算

单利终值即指一定时期以后的本利和。

【例3-1】　现在1块钱，年利率是10%，如果按单利计算，那么这1块钱在第一年

末、第二年末分别是多少钱？

解 1块钱1年后的终值：1×（1+10%×1）=1.1（元）

1块钱2年后的终值：1×（1+10%×2）=1.2（元）

因此，可推出单利终值的计算公式：$FV=PV\times(1+i\times n)$

其中，PV为现值，即第一年初的价值；FV为终值，即第n年末的价值；i为利率；n为计息期数。

（2）单利现值的计算

【例3-2】 如果年利率为10%，则按照单利计算，在第一年末、第二年末的1块钱的现值分别是多少？

解 第一年末的1块钱的现值：$\frac{1}{1+10\%\times 1}=0.909$（元）

第二年末的1块钱的现值：$\frac{1}{1+10\%\times 2}=0.833$（元）

因此，可推出单利现值的计算公式：$PV=\frac{FV}{1+i\times n}$

2. 复利终值与现值的计算

复利是本金能产生利息，利息在下期也转作本金并与原来的本金一起计算利息，如此随计息期数不断下推，即常说的“利滚利”。

（1）复利终值的计算

【例3-3】 现在1块钱，年利率是10%，如果按复利计算，那么这1块钱在第一年末、第二年末分别是多少钱？

解 1块钱1年后的终值：1×（1+10%）=1.1（元）

1块钱2年后的终值：$1\times(1+10\%)^2=1.21$（元）

因此，可推出复利终值的计算公式：$FV=PV\times(1+i)^n$

下面通过一个例题，介绍如何利用金融计算器在已知复利的情况下求终值。

【例3-4】 张女士现在存入账户1000元，年复利10%，则20年后，该账户的金额是多少？

解 金融计算器的操作步骤如下。

先将每年付款期数P/YR设置为1，1/YR=10，$N=20$，PV=-1000

经过金融计算器的计算得到：FV=6727.50

所以，20年后该账户的金额为6727.50元。

（2）复利现值的计算

复利现值是未来发生的一笔收付款其现在的价值。具体来说，就是将来发生的一笔收付款按适当的折现率进行折算而计算出现在的价值。

【例3-5】 如果年利率为10%，则按照复利计算，在第一年末、第二年末的1块钱的现值分别是多少？

解 第一年末的1块钱的现值：$\frac{1}{1+10\%}=0.909$（元）

第二年末的1块钱的现值：$\frac{1}{(1+10\%)^2}=0.82$（元）

因此，可推出复利现值的计算公式：$PV=\frac{FV}{(1+i)^n}$

下面通过一个例题，介绍如何利用金融计算器在已知复利的情况下求现值。

【例 3-6】 如果张先生希望 20 年后银行账户中有 10000 元，年复利 10%，那么张先生现在应往银行存入多少钱?

解 金融计算器的操作步骤如下。

先将每年付款期数 P/YR 设置为 1，1/YR=10，N=20，FV=10000

经过金融计算器的计算得到：PV=−1486.44

所以，应往银行存入 1486.44 元。

3. 年金

年金是指一定期间内每期相等金额的收付款项。按付款时点的不同分为后付年金与先付年金。通常不加说明即指后付年金。此外，还有永续年金与递延年金。

(1) 后付年金终值与现值的计算

① 后付年金终值的计算。后付年金的终值是一定时期内，每期期末收付款项的复利终值之和。

$$后付年金终值=A(1+i)^{t-1}+A(1+i)^{t-2}+\cdots+A(1+i)^2+A(1+i)+A(1+i)^0$$

即

$$FV=A\sum_{t=1}^{n}(1+i)^{t-1}$$

【例 3-7】 张先生为女儿筹备教育费用，每年年末往银行存入 10000 元，年利率为 6%，存期 10 年，则 10 年后到期的本息和是多少?

解 这是已知后付年金求终值的过程。

金融计算器的操作步骤如下：

$$1/YR=6，N=10，PMT=-10000，FV=131807.95$$

即 5 年后到期的本息和是 131807.95 元。

② 后付年金现值的计算。后付年金现值是指一定时期内每期期末发生等额收付款项的复利现值之和。

$$后付年金现值=A(1+i)^{-1}+A(1+i)^{-2}+\cdots+A(1+i)^{-(t-2)}+A(1+i)^{-(t-1)}+A(1+i)^{-t}$$

即

$$PV=A\sum_{t=1}^{n}(1+i)^{-t}$$

【例 3-8】 某项目于 2016 年年初动工，设当年投产，从投产之日起每年获得收益 10000 元，按年利率 5% 计算。预期该项目能投资 10 年，那么未来 10 年的收益的现值是多少?

解 这是一个已知后付年金求现值的问题。

金融计算器的操作步骤如下：

$$1/\text{YR}=5,\ N=10,\ \text{PMT}=10000,\ \text{PV}=-77217.35$$

所以，未来 10 年的收益的现值是 77217.35 元。

(2) 先付年金终值与现值的计算

先付年金是指在一定时期内每期期初发生的系列相等的收付款项。

① 先付年金终值的计算。

先付年金终值的计算公式：

$$\text{FV}=A(1+i)^t+A(1+i)^{t-1}+\cdots+A(1+i)^2+A(1+i)$$

即

$$\text{FV}=A\sum_{t=1}^{n}(1+i)^t$$

【例 3-9】 张女士每年年初存入银行 1000 元，年利率 6%，5 年后的本息和是多少？

解 这是已知先付年金求终值的问题。

金融计算器的操作步骤如下：

$$1/\text{YR}=6,\ N=5,\ \text{PMT}=-1000,\ \text{FV}=5975.32$$

所以，5 年后的本息和是 5975.32 元。

② 先付年金现值的计算。

先付年金现值的计算公式：

$$\text{PV}=A(1+i)^0+A(1+i)^{-1}+\cdots+A(1+i)^{-(t-2)}+A(1+i)^{-(t-1)}$$

即

$$\text{PV}=A\sum_{t=1}^{n}(1+i)^{-(t-1)}$$

【例 3-10】 某企业租入一台设备，如果每年年初支付租金 5000 元，年利率为 6%，5 年的租金现值是多少？

解 这是已知先付年金求现值的问题。

金融计算器的操作步骤如下。

先将金融计算器设置成先付年金的状态，输入：

$$1/\text{YR}=6,\ N=5,\ \text{PMT}=-5000,\ \text{PV}=22325.53$$

所以，该企业 5 年支付租金的现值是 22325.53 元。

(3) 永续年金现值的计算

永续年金是无限期发生的等额系列收付款项。永续年金现值的计算公式：

$$\text{PV}=\frac{A}{i}(n\to\infty)$$

【例 3－11】 某部门准备存入银行一笔基金，预期以后无限期地于每年年末取出利息 10000 元，用来支付科研奖金。若存款利息率为 5%，则该部门应于年初一次存入多少钱?

解 这是一个永续年金求现值的问题，由永续年金现值的计算公式可得：

$$10000 \div 5\% = 200000(\text{元})$$

所以，该部门应于年初一次存入 200000 元。

(4) 递延年金

递延年金是开始的若干期没有资金收付，然后有连续若干期的等额资金收付的年金序列。在 m 年后的每年年末发生的年金，为期末递延年金；在 m 年后的每年年初发生的年金，为期初递延年金。

期末递延年金现值的计算过程如下。

第一步，将 m 年后的每年年末发生的年金折现折到第 m 年年末：

$$\mathrm{PV}_m = A\sum_{t=1}^{n-m}(1+i)^{-t}$$

第二步，将第一步得出的结果从第 m 年末折现到当前：

$$\mathrm{PV}_0 = \frac{PV_m}{(1+i)^m}$$

【例 3－12】 张女士刚满 31 岁，决定 55 岁退休，退休后每年的年末将有 10000 元的退休收入，该客户预计退休后能生活 20 年，假设折现率为 5%，求这笔退休收入的现值。

解 从 31 岁到 55 岁之间没有现金流发生，从 55 岁到 74 岁末这 20 年间每年有一笔等额 10000 元的资金流入，所以，这是一个递延年金求现值的问题。

第一步，把 55 岁到 74 岁之间的每年 10000 元的收入折现到 55 岁末：

$$\frac{10000}{1+5\%} + \frac{10000}{(1+5\%)^2} + \cdots + \frac{10000}{(1+5\%)^{20}} = 124622.1(\text{元})$$

第二步，将第一步计算的结果折现到 31 岁：

$$\frac{124622.1}{(1+5\%)^{25}} = 36801.25$$

通过金融计算器，本题的计算步骤如下：

第一步，后付年金现值的计算。

$$1/\mathrm{YR} = 5,\ N = 20,\ \mathrm{PMT} = 10000,\ \mathrm{PV} = -124622.1$$

第二步，已知终值，进行后付年金现值的计算。

$$1/\mathrm{YR} = 5,\ N = 25,\ \mathrm{FV} = 124622.1,\ \mathrm{PV} = -36801.25$$

所以，张女士这笔退休收入的现值为 36801.25 元。

二、收益率的计算

(一) 预期收益率

1. 单个产品或单项投资的预期收益率

预期收益率的计算公式：

$$E(R)=\sum_{i=1}^{\infty}P_iR_i=P_1R_1+P_2R_2+\cdots+P_nR_n$$

其中，P_i 为第 i 种收益发生的可能性；R 为第 i 种可能的收益率的大小。

【例 3-13】 有一个投资项目，在经济运行良好的环境下，该项目的收益率为 15%，经济处于衰退时，收益率为-15%，如果经济正常运行，收益率为 10%。根据有关预测，下一年经济运行良好概率为 20%，经济衰退概率为 20%，正常运行概率为 60%。现在投资者需要知道该项目的预期收益率是多少。

解 根据已知条件，经济运行状况与收益率的对应关系如表 3-1。

表 3-1 经济运行状况与收益率的对应关系

经济状况	概率	收益率
运行良好	0.2	0.15
经济衰退	0.2	-0.15
正常运行	0.6	0.1

所以，预期收益率：

$$E(R)=0.2\times0.15+0.2\times(-0.15)+0.6\times0.1=0.06$$

即预期收益率为 6%。

2. 投资组合的预期收益率

理财投资建议中，常常会给客户配置一个投资组合，使该投资组合能达到某个收益率，这个收益率就是投资组合的预期收益率。

投资组合的预期收益率计算公式：

$$E(R)=\sum_{i=1}^{n}W_iR_i=W_1R_1+W_2R_2+\cdots+W_nR_n$$

其中，W_i 为第 i 项投资在投资组合中的权重；R_i 为第 i 项投资的预期收益率。

【例 3-14】 理财规划师给客户做了一个投资组合：股票型基金 30%，债券型基金 35%，股票 25%，货币市场基金 10%。根据市场走势，投资组合中的产品预期收益率：股票型基金 15%，债券型基金 6%，股票 20%，货币市场基金 2.5%。则这个投资组合的预期收益率是多少？

解 $E(R)=30\%\times15\%+35\%\times6\%+25\%\times20\%+10\%\times2.5\%=11.85\%$

所以，这个投资组合的预期收益率是 11.85%。

(二) 净现值

净现值（NPV）是所有的未来收入现金流的现值减去现在和未来支出现金流的现值的

差额。如果一个项目的净现值为正，说明收入现金流的现值大于支出现金流的现值，项目有正的收益，因此应该接受它；反之，应该拒绝采纳它。

（三）内部收益率

内部收益率（IRR），它是使 NPV 为 0 的贴现率。当投资人要求的投资收益率小于内部收益率，说明投资项目的净现值大于 0，项目可接受；反之，项目应该被拒绝。

（四）持有期收益率

持有期收益率是以现在的价格买进某金融工具，持有一段时间，然后以某个价格卖出，在整个持有期该金融工具所提供的平均回报率。

【例 3－15】　张先生在 2016 年年初购买了 10000 元某公司的股票，持有一年的时候，股票开始分红，张先生投资的 10000 元股票分得的红利为 1000 元，分红完毕，张先生将手中的股票卖掉，这 10000 元股票卖得 11600 元，求持有该股票的持有期收益率。

解　$\frac{11600-10000+2000}{10000}=0.36$

所以，张先生投资该股票的持有期收益率为 36%。

（五）到期收益率

到期收益率是衡量债券投资收益最常用的指标，它是投资者购买债券并持有至到期的前提下，使未来各期利息收入、到期本金收入现值之和等于债券购买价格的贴现率。

到期收益率公式：

$$P=\frac{C}{(1+Y)}+\frac{C}{(1+Y)^2}+\cdots+\frac{C}{(1+Y)^n}+\frac{\text{面值}}{(1+Y)^n}$$

其中，P 表示债券的购买价格；Y 表示债券的到期收益率；C 表示债券每年支付的利息；T 表示债券的到期期限。

【例 3－16】　某债券的息票利息为 8%，面值为 100 元，当前价格为 90 元，离到期还有 3 年，每年付息一次，则该债券的到期收益率是多少？

解　该债券到期收益率的关系式：

$$90=\frac{8}{(1+Y)}+\frac{8}{(1+Y)^2}+\frac{8}{(1+Y)^3}+\frac{100}{(1+Y)^3}$$

应用金融计算器的操作：

$$N=3，FV=100，PV=-90，PMT=8，I/YR=12.2$$

因此，该债券的到期收益率是 12.2%。

（六）当期收益率

当期收益率是息票债券到期收益率的近似值，它的定义是年息票利息除以债券的价格。

【例 3－17】　某债券面值 100 元，息票利息 10%，每年付息，到期还本，客户以 96 元的价格购入，求其当期收益率。

解　$\frac{10}{96}=0.1042=10.42\%$

因此，该债券的当期收益率为10.42%。

（七）贴现收益率

贴现额的计算公式：

$$贴现额=票面金额\times（1-年贴现率\times未到期天数\div 360天）$$

即

$$P_d=F\times（1-r_{BD}\times n\div 360天）$$

其中，r_{BD}为年贴现率；P_d为购买价格；F为票面金额；n为未到期天数。

由贴现额的计算公式可以推出：$r_{BD}=\frac{F-P_d}{F}\times\frac{360}{n}$

【例3-18】 面值为100000元的国债市场价格97500元，距离到期日还有240天，计算银行贴现率。

解 $r_{BD}=\frac{100000-97500}{100000}\times\frac{360}{240}\times 100\%=3.75\%$

所以，该银行贴现率为3.75%。

三、风险的度量

风险是由于对未来结果予以期望所带来的无法实现该结果的可能性。风险包括系统风险与非系统风险。本单元主要介绍方差方法、变异系数、β系数三种主要的风险度量方法。

（一）方差与标准差

一般来说，方差越大，这组数据就越离散，数据的波动就越大，风险也大；反之，数据就越聚合，波动就越小，风险也相对较小。对于股票投资，方差通常是对股票价格或收益率进行计算，由于股票投资的几乎所有风险都会反映到价格之中，所以，用方差度量的风险是单只股票或股票组合的总体风险水平。

（二）变异系数

当进行两个或多个资料变异程度的比较时，如果度量单位与平均数一样，可直接利用标准差来比较；如果度量单位与平均数不一样，这时不能采用标准差来比较，而是采用变异系数来比较。变异系数表示每一单位所承担的风险，从风险收益的角度来看，每一单位收益承担的风险越小越好，因此变异系数越小越好。

变异系数计算公式：

$$变异系数=\frac{标准差}{数学期望}$$

【例3-19】 已知2016年A股市场股票甲预期收益率为18.8%，标准差为0.102，B股市场股票乙的预期收益率为16.8%，标准差为0.084，则哪只股票变异程度大？

解 股票甲变异系数：$\frac{0.102}{18.8\%}=0.543$

股票乙变异系数：$\frac{0.084}{16.8\%}=0.5$

所以，股票甲的收益率变异系数大于乙，选择乙比较合适。

（三）β系数

前面介绍了用方差来度量风险，但方差度量的是金融产品的整体风险，不能区分不同风险因素对于总体风险的贡献程度。如果要衡量一只股票的风险当中受大盘影响的因素的大小，即股票的系统风险，应该用β系数来衡量。

β系数是用来测定一种股票的收益受整个股票市场（市场投资组合）收益变化影响程度的指标。它能衡量个别股票的市场风险，而不是公司的特有风险。计算公式：

$$\beta_i=\frac{\mathrm{Cov}\ (i,\ M)}{D\ (M)}$$

其中，β_i 为股票 i 的 β 系数；Cov（i，M）是股票 i 与市场投资组合 M 之间的协方差；D（M）是市场投资组合 M 的方差。

市场投资组合的β系数等于1。如果某只股票的β系数等于1，则其风险与整个股票市场的平均风险相同；如果某只股票的β系数大于1，则其风险大于整个股票市场的平均风险；反之，则小于整个股票市场的平均风险。

例如，某只股票β系数为1.2，说明大盘涨1%，它有可能涨1.2%；同理，说明大盘跌1%，它有可能跌1.2%。如果某只股票β系数为－1.2，说明大盘涨1%，它有可能跌1.2%；同理大盘跌1%，它有可能涨1.2%。

本章小结

本章介绍了理财规划中涉及的相关基本计算，理财规划师需要在掌握基本方法的基础上，结合工作的侧重点，拓展相关的知识与技能。同时，理财规划师必须学会如何使用金融计算器进行计算，关于如何使用金融计算器，我们将在下一章重点介绍。

复习思考题

一、单项选择题

1. 扔一枚质地均匀的硬币，我们可以知道出现正面或反面的概率都是0.5，这属于概率应用方法中(　　)。

A. 古典概率方法　　B. 统计概率方法

C. 主观概率方法　　D. 样本概率方法

2. 假设A股票指数与B股票指数有一定的相关性，A股票指数上涨概率为0.5，B股票指数上涨概率为0.6，A股票指数上涨情况下B股票指数上涨概率为0.4，则同一段时间内这两只股票指数至少有一个上涨的概率是(　　)。

A. 0.6　　B. 0.7　　C. 0.8　　D. 0.9

3. 已知在某股票市场上预期某只股票未来能够取得10%收益率的概率为0.4，取得

—5%收益率的概率为0.6，则该股票的期望收益率为(　　)。

A. 1%　　B. 2%　　C. 3%　　D. 4%

4. 有A、B两只股票，A股票的预期收益率是15%，B股票的预期收益率是20%，A股票的标准差是0.04，β值是1.2；B股票的标准差是0.06，β值是1.8。如果大盘的标准差是0.03，则大盘与股票A的协方差是(　　)。

A. 0.0008　　B. 0.0011　　C. 0.0016　　D. 0.0017

5. 接上题，大盘与股票B的相关系数是(　　)。

A. 0.79　　B. 0.9　　C. 0.92　　D. 1.00

6. 接上题，股票A与市场的相关系数相比股票B与市场的相关系数(　　)。

A. 股票A的比较大　　B. 股票B的比较大

C. 同样大　　D. 无法比较

二、多项选择题

7. 随机试验的特点是(　　)。

A. 实验是可逆的　　B. 在相同条件下可重复进行

C. 每次实验的结果具有多种可能性　　D. 实验之前无法准确知道出现哪种结果

E. 实验结果具有共同性

8. 关于β系数的说法，正确的是(　　)。

A. 投资组合的β系数等于0　　B. β值越大，风险越大

C. 牛市时，应选择β大的股票　　D. β系数是用来衡量市场风险的

E. 熊市时，应选择β小的股票

第四章 理财规划工具——金融计算器

学习目标

通过本章的学习，学会如何使用金融计算器，能够熟练地利用金融计算器帮助客户进行理财规划，达成理财目标。

专业术语

货币时间价值；终值；现值；年金

案例导入

理财规划师在为客户进行理财规划时，经常会面临各种复杂的情况，这就需要借助各种专业的工具。通过使用这些专业工具，理财规划师能更好地帮助客户进行理财规划。本章会介绍金融计算器的使用方法，需要大家重点掌握金融计算器的使用。

第一节 金融计算器

一、金融计算器下载——手机版

打开 360 手机助手，在搜索栏输入财务计算器，选择 10Bii Cash Calculator 这款进行下载，安装即可。

二、金融计算器功能说明

（一）按键功能基本简介（见图 4－1）

按键	显示	说明
ON	0.00	打开计算器。
[蓝色]	0.00	显示切换提示。
[橙色]	0.00	显示切换提示。
1 2 3 ←	12_	清除最后一个字符。

图 4－1 按键功能

（二）计算器重置

在使用计算器时，通常需要使用清零功能，将计算器的内存清除，重置方法如图 4－2。

按键	关联的功能
C	清除显示屏。
↘ C ALL	清除所有内存。

图 4－2　计算器重置

（三）小数点的设置

按 ↘ DISP，然后按需要设置的位数（数字）。

（四）期初的设置

计算器默认年金是期末支付的，在使用中，如果需要期初支付的情况，设置方法：按 ↘ Beg/End 后，设置期初，就会显示为 Begin Mode。

在设置为期初付款后，如需要改为期末付款，可使用同样的设置方法：按 ↘ Beg/End 后，设置期末，就会显示 End Mode。

（五）年付款次数的设置

计算器默认年付款次数为 12 次，在使用过程中，有时会需要将年付款次数设置为 1 次，设置方法：按数字“1”及 ↘ P/YR 后，设置每年付款一次。除非特别说明是单利计算，本书中的金融问题均使用复利。

（六）货币时间价值计算

货币时间价值主要解决均匀现金流的问题，一般使用图 4－3 中的功能键。

按键	说明
↗ C MEM 1	清除 TVM 内存并显示当前 P_YR。
N	还款次数。
↘ ×P/YR	将值乘以每年的还款次数并存储为 N。
I/YR	年利率。
PV	现值。
PMT	还款。
FV	终值。
↘ Beg/End	期初或期末模式。
↘ P/YR	每年的还款次数模式。

图 4－3　货币时间价值计算使用的功能键

第二节　金融计算器的运用

货币时间价值的计算主要有下列类型。

一、单笔现金流的终值、现值计算

【例 4－1】　1630 年的 20 美元，如果按照 5%的复利计算，这些钱到 2016 年会增值为多少？

操作	按键	显示
清除所有内存	■ C ALL	0.00
将年付款次数改为 1 次	1，■ P/YR	1.00
输入期数	386，N	386.00
输入利率	5，I/YR	5.00
输入现值	20，+/-，PV	－20.00
计算终值	FV	3020643251.85

答案：这些钱到 2016 年会增值为 3020643251.85 元。

【例 4－2】　小张现在将 1000 元存入银行，若年复利 10%，20 年后，该账户的金额是多少？

操作	按键	显示
清除所有内存	■ C ALL	0.00
将年付款次数改为 1 次	1，■ P/YR	1.00
输入期数	20，N	20.00
输入利率	10，I/YR	10.00
输入现值	1000，+/-，PV	－1000.00
计算终值	FV	6727.50

答案：20 年后该账户的金额是 6727.50 元。

【例 4－3】　在年复利 10%的情况下，老张如果想在第 5 年末取得 10000 元，则他现在需要存入多少钱？

操作	按键	显示
清除所有内存	[↘] [C ALL]	0.00
将年付款次数改为 1 次	1，[↘] [P/YR]	1.00
输入期数	5，[N]	5.00
输入利率	10，[I/YR]	10.00
输入终值	[FV]	10000.00
计算现值	[PV]	－6209.21

答案：他现在需要存入 6209.21 元。

注意：在使用金融计算器进行计算时，要注意符号问题。数字前面的正负并不代表数学意义上的正负，具有特殊的意义。一般来说，在利用金融计算器计算的时候，假设现金流入为正值，现金流出为负值。

二、年金的终值、现值计算

【例 4－4】 张先生今年 30 岁，打算为自己设立一个退休账户，从今年开始，每年年末存入 1 万元，假设年利率为 5%，张先生 60 岁退休后，能积累多少退休金？

操作	按键	显示
清除所有内存	[↘] [C ALL]	0.00
将年付款次数改为 1 次	1，[↘] [P/YR]	1.00
输入期数	30，[N]	30.00
输入利率	5，[I/YR]	5.00
输入年金	10000，[+/−] [PMT]	－10000.00
计算终值	[FV]	664388.48

答案：张先生 60 岁退休后，能积累 664388.48 元退休金。

【例 4－5】 中国人寿保险公司推出一款养老保险产品，每个月缴纳 500 元，年收益率为 10%，缴费期限是 30 年，缴费期满后可以一次性领取多少退休金？

操作	按键	显示
清除所有内存	[↘] [C ALL]	0.00
将年付款次数改为 12 次	12，[↘] [P/YR]	12.00
输入期数	360，[N]	360.00

（续表）

操作	按键	显示
输入利率	10，[I/YR]	10.00
输入年金	500，[+/-] [PMT]	－500.00
计算终值	[FV]	1130243.96

答案：缴费期满后可以一次性领取 1130243.96 元退休金。

【例 4－6】　张先生计划 10 年后退休，希望届时能够准备 100 万元的养老金。假设投资收益率为 6％，复利计息，如果每月月初投入一笔资金，应投入多少钱？如果改为月末投入，应投入多少钱？

操作	按键	显示
清除所有内存	[■] [C ALL]	0.00
将年付款次数改为 12 次	12，[■] [P/YR]	12.00
设置为期初模式	[■] [Beg/End]	0.00
输入期数	120，[N]	120.00
输入利率	6，[I/YR]	6.00
输入终值	1000000，[FV]	1000000.00
计算年金	[PMT]	－6071.69
设置为期末模式	[■] [Beg/End]	－6071.69
计算年金	[PMT]	－6102.05

答案：每月月初应投入 6071.69 元；如果是月末投入，应投入 6102.05 元。

【例 4－7】　李先生向银行按揭贷款购房，贷款额为 50 万，贷款期限 10 年，利率为 6％，则每月还款额是多少？

操作	按键	显示
清除所有内存	[■] [C ALL]	0.00
将年付款次数改为 12 次	12，[■] [P/YR]	12.00
输入期数	120，[N]	120.00
输入利率	6，[I/YR]	6.00
输入现值	500000，[PV]	500000.00
计算年金	[PMT]	－5551.03

答案：每月还款额是5551.03元。

【例4-8】 李先生向银行贷款，金额是10万，贷款期限10年，每月还款额是1000元，则银行贷款利率是多少？

操作	按键	显示
清除所有内存	[橙色键] [C ALL]	0.00
将年付款次数改为12次	12，[橙色键] [P/YR]	12.00
输入期数	120，[N]	120.00
输入年金	1000，[+/-] [PMT]	−1000.00
输入现值	100000，[PV]	100000.00
计算利率	[I/YR]	3.74

答案：银行贷款利率是3.74%。

三、分期付款计算

【例4-9】 李先生购买了一套房子，价值200万元，首付60万元，贷款140万，利率为6%，期限是20年。如采用等额本息方式，李先生还款5年后，已还本金、利息分别是多少？还有多少钱没有还？

操作	按键	显示
清除所有内存	[橙色键] [C ALL]	0.00
将年付款次数改为12次	12，[橙色键] [P/YR]	12.00
输入期数	240，[N]	240.00
输入利率	6，[I/YR]	6.00
输入现值	1400000，[PV]	1400000.00
计算年金	[PMT]	−10030.03
输入分期还款期数	1，[INPUT]，60，[橙色键] [AMORT]	1−60
计算已还本金	[=]	−211405.34
计算已还利息	[=]	−390396.46
计算未还余额	[=]	1188594.66

答案：李先生还款5年后，已还本金、利息分别是211405.34元、390396.46元，还有1188594.66元本金没有还。

本章小结

本章简单介绍了金融计算器，对于如何使用金融计算器，计算单笔现金流的现值、终值，计算年金的现值、终值，分期付款的计算等进行了重点讲解。

复习思考题

程先生和爱人今年都是35岁，计划20年后退休。他们5年前买了一套总价150万元的新房，贷款100万元，期限25年，采用等额本息贷款方式，贷款利率是6.3%。目前他们二人合计税后平均月收入为12000元，日常生活开销4400元，在不考虑收入增长的情况下，他们每月的收入结余全部积攒起来用于未来的退休生活，他们目前已经有了10万元的退休基金初始资本。

假设未来通货膨胀率一直保持在3%的水平上，程先生退休基金的投资收益为退休前5%，退休后3%，他和爱人预期寿命为85岁。

根据上述案例回答下列问题。

1. 如果程先生维持目前的生活水平不变，则退休时每年需要的生活费为(　　)元。

A. 95362.68　　B. 110551.44　　C. 140094.12　　D. 178799.52

2. 接上题，程先生需要在退休时积累的退休基金应为(　　)元。

A. 4202823.60　　B. 5363985.60　　C. 3316543.20　　D. 2860880.40

3. 程先生目前的月结余在退休时累计可以形成(　　)元的退休基金。

A. 399676.81　　B. 16975.25　　C. 479488.98　　D. 923796.60

4. 程先生退休基金还需要(　　)元，才能满足其生活水平不会发生变化。

A. 2043905.15　　B. 2195873.82　　C. 2884496.62　　D. 2440189.00

5. 关于上述退休基金的缺口，程先生已经没有其他途径来筹措，只有考虑在退休时将其自住的房产出售（房产价格指数与通货膨胀率一致，房产折旧年限为70年）。以该售房款作为其退休金的主要来源，那么，该房产届时价值为(　　)元。

A. 1121666.75　　B. 2019000.14　　C. 3140666.89　　D. 条件不足，无法计算

第五章 现金规划

学习目标

1. 熟悉储蓄的概念及各类储蓄规划工具。
2. 掌握储蓄利息计算、储蓄规划程序及技巧。
3. 流动性比率的确定。
4. 能够根据各类储蓄规划工具的特点进行灵活选择。

专业术语

现金规划；借记卡；贷记卡

案例导入

拟定目标强迫储蓄 都市月光族脱贫秘籍

他们经常没钱，经常借钱，挣得不少，花得更多。他们有钱时什么都敢玩，什么都敢买，没钱时便一贫如洗，艰难度日，拿着丰厚的薪水，却打起贫穷的旗号。他们的口号是"心无杂念，享受现在"，超前消费是他们的生活理念。他们就是曾经一度流行于都市里的白领月光族。

由于自己经济时时面临危机，生活常常陷入困顿，月光族终于开始反思，并渐渐觉醒。"理财"，这个他们原来从来不屑的字眼，悄悄地被写入了他们的日程表。

专家建议，对个人的财产状况要有清醒的认识，控制债务，理性做"负翁"。一个家庭每月还款的月供最好不要超过家庭月收入的30%～40%。在这个范围内，家庭财务还比较安全。此外，在负债的情况下要有统筹的考虑，为减少利息支出，可以尽可能地使用利率最低的品种。

另外，拟定生活目标、开始记账找出财务漏洞也是成功理财好的开始，在生活中还应培养积累再消费、强迫储蓄、减少花费等好习惯。同样是花钱，与其花在消耗型的享受上不如花在投资型的享受上。像汽车和家电都是短期的享受，对长远的生活没有太大的帮助，价值也会随着时间而折损。上英语课就属于投资型的享受，价值不但不会折损，还能帮助自己找到更好的工作、有更高的收入。所以在设定消费目标的时候，就要检视是否有投资性质。年轻朋友在理财之初，首要的财务目标应是储蓄3～6个月的生活必需费用，因为刚开始就业的前几年，年轻朋友不见得能很顺利地找到适合自己长远发展的工作，有转换工作的可能性，为使转换工作过程中生活不致遭遇过大冲击，或是有能力应付意外的支出，储备一些生活准备金是相当重要的。

现金规划是为满足个人或家庭短期需求而进行的管理日程现金及现金等价物和短期融资的活动。现金规划中所指的现金等价物是指流动性较强的活期储蓄、各类银行存款和货币市场基金等金融资产。

在个人或家庭的理财规划中，现金规划既要使拥有的资产具有一定的流动性，以满足个人或家庭支付日常家庭费用的需要，又要使流动性较强的资产保持一定的收益。一般来说，现金规划应遵循一个原则：短期需求可以用手头的现金来源满足，而预期的或者将来的需求则可以通过各种类型的储蓄或者短期投、融资工具来满足。

第一节　分析客户现金需求

一、现金规划需要考虑的因素

（一）对金融资产流动性的要求

① 交易动机。

② 谨慎动机或预防动机。

（二）持有现金及现金等价物的机会成本

通常来说，金融资产的流动性与收益率呈反方向变化，高流动性也意味着收益率较低。现金及现金等价物的流动性较强，则其收益率也相对较低。

二、流动性比率

流动性比率＝流动性资产/每月支出

资产的流动性与收益性通常呈反比，即流动性较强的资产收益性较低，而收益性较高的资产其流动性往往欠佳。通常情况下，流动性比率应保持在 3～6 倍。

三、工作要求

（一）工作准备

在为客户做专项理财规划或综合理财规划之前，理财规划师首先需要了解客户的相关信息。获取信息的主要方式有面谈、电话交谈、电子邮件、书面交流等，其中最常用、最主要的方式是面谈。在与客户会谈之前，除了充分掌握客户的背景资料外，理财规划师还需安排好一些与会谈相关的事宜。通常的操作流程如下：

1. 电话预约

打电话与客户预约，确定会谈的时间、地点，最好将会谈大致需要的时间也告诉客户，以便于客户安排好自己的时间。会谈的地点应该幽静雅致，让人感觉舒适，方便与客户的交流。

2. 准备会谈所需的资料

① 准备所需的介绍性资料。介绍性资料主要包括所在机构的宣传和介绍材料、所在机构的营业执照副本复印件、所在机构从事理财业务的许可文件、理财规划师个人职业资格文件和相应标识以及理财方案样本等。这些文件有助于客户加深对理财规划师所在机构及理财规划师本人的了解，为建立客户关系奠定基础。

② 准备笔和便条纸，以便做必要的记录，或者方便客户用来记录、计算。

③ 准备好会谈需要的辅助资料及工具，避免会谈中需要取资料、工具而将客户留在会谈地点等待。

④ 理财规划师要注意自己的仪容、仪表。会见客户时要着正装，根据年龄、体形、季节做适当调整，发式、衣服等要简单大方，给人以严谨、庄重、干净利落的感觉。

⑤ 准备好自己的名片。

3. 迎接客户

理财规划师应提前到达会谈地点，等待客户的到来。

客户进门时，要问候客户，并准备称呼客户姓氏、职称或职务，或者称呼某先生、某女士等，比如，“李先生，您好，见到您很高兴”。这样会给客户被人尊重的感觉，拉近了与客户的距离，更容易切入话题。

在交换名片时，理财规划师要先向对方双手递出自己的名片。如果与客户同时递出名片，要注意用左手递出自己的名片，同时用右手接过对方的名片，认真看过后，放入自己的名片夹中。

理财规划师应在会谈中关闭自己的手机等通信工具，或调为振动，以免会谈被中途打断，确保会谈顺利进行。

4. 正式会谈前的铺垫

一般与客户见面后，理财规划师不宜直接进入正题，而应先找一些轻松的话题拉近与客户的心理距离，如谈论共同认识的人或感兴趣的事，以此建立融洽的谈话氛围。在谈话中，要给客户较多发表意见的机会，不要使用过多的专业化语言。当双方都准备好会谈时，将话题自然转回理财业务及会面的目的。

(二) 工作程序

第一步：理财规划师首先应该向客户说明什么是现金规划、现金规划的需求因素及现金规划的内容。

第二步：在此基础上，理财规划师应当收集与客户现金规划有关的信息，如客户的职业、家庭情况、收入状况和支出状况等相关信息。

第三步：根据收集到的信息，理财规划师应当引导客户编制月（年）度收入支出表，用表格的形式反映出客户的基本情况。

第四步：确定现金及现金等价物的额度。

第二节　制定现金规划方案

一、现金规划的一般工具

(一) 现金

现金是现金规划的重要工具。其与其他的现金规划工具相比而言，有两个突出特点：一个特点是现金在所有金融工具中流动性最强。在国际货币基金组织对货币层次的划分中，现金位于第一层次（M0）。另一个特点就是持有现金的收益率低。在通常情况下，由于通货膨胀现象的存在，持有现金不仅没有收益率，反而会贬值。

（二）相关储蓄品种

1. 活期储蓄

活期储蓄指不规定存期，储户可随时凭存折（卡）存取，是存取金额不限的一种储蓄方式。

活期储蓄的特点：

① 一元起存，多存不限，由银行发给存折，凭折存取。

② 存款金额、时期不限，随时存取，灵活方便。

③ 适应于居民小额的随存款随取的生活零用结余存款，有利于家庭和个人养成计划开支、节约储蓄的习惯，最适宜青少年。

④ 既保证安全，又能得到利息，但利息较低。

2. 个人通知存款

个人通知存款指客户存款时不必约定存期，支取时需提前通知银行，约定支取存款日期和金额方能支取的一种存款品种。个人通知存款需一次性存入，支取可分一次或多次。

个人通知存款分为 1 天通知存款和 7 天通知存款两个品种，最低起存金额为 5 万元，最低支取金额为 5 万元。采用记名存单形式，存单或存款凭证须注明“通知存款”字样。

通知存款存入时，银行在存单或存款凭证上不注明存期和利率，银行按支取日挂牌公告的相应利率水平和实际存期计息，利随本清。

存款利率高于活期储蓄利率。存期灵活、支取方便，能获得较高收益。适用于大额、存取较频繁的存款。适合有短期资金需求、期限不足定期存款最低限的客户。

3. 整存整取

整存整取指储户存款时约定存期和存款的具体形式，银行或信用社给储户签发定期存单，到期凭单提取本金利息。

整存整取储蓄的特点：

① 50 元起存，多存不限，本金一次存入。

② 约定期限，由银行发给存单，存期分 3 个月、6 个月、1 年、2 年、3 年和 5 年。

③ 到期凭单支取本息，存期越长，利率越高，适应于居民手中长期不用的结余款项的存储。

④ 提供约定转存和自动转存功能。

⑤ 存期长、稳定性强、金额大、手续简便、利率较高。

4. 零存整取

零存整取指个人将属于其所有的人民币存入银行储蓄机构，每月固定存额，集零成整，约定存款期限，到期一次支取本息的一种定期储蓄。一般 5 元起存，存期分 1 年、3 年、5 年。存款金额由储户自定，每月存入一次，中途如有漏存，应在次月补齐。

该储种利率低于整存整取定期存款，但高于活期储蓄，可使储户获得稍高的存款利息收入，可集零成整，具有计划性、约束性、积累性的功能。适合收入稳定，攒钱以备结婚、上学等用途的个人和家庭。

5. 整存零取

整存零取指个人将属于其所有的人民币一次性存入较大的金额，分期陆续平均支取本金，到期支取利息的一种定期储蓄。有起存金额要求，一般为1000元。存期分为1年、3年和5年，凭存单分期支取本金，支取期分1个月、3个月、6个月，利息于期满结清支取。

6. 存本取息

存本取息指一次性存入本金，分次支取利息，到期支付本金的一种储蓄。本金一次存入，一般5000元起存。存期分1年、3年、5年，由银行发给存款凭证，到期一次支取本金，利息凭存单分期支取，可以一个月或几个月取息一次，具体次数由储户与银行协商确定。如到取息月未取息，以后可随时取息。如储户急需用款，可按定期存款提前支取的手续办理。

7. 定活两便

定活两便指的是客户一次性存入人民币本金，不约定存期，支取时一次性支付全部本金和税后利息。一般50元起存，一次存入，一次支取。存单分为记名、不记名两种（记名式可挂失，不记名式不挂失）。

其既具有活期储蓄存款可随时支取的灵活性，又能享受到接近定期存款利率的优惠，利息按实际存期长短计算，存期越长利率越高。存期不限，存期不满3个月的，按天数计付活期利息；存期3个月以上（含3个月）不满半年的，整个存期按支取日定期整存整取3个月存款利率的6折计息；存期半年以上（含半年）不满1年的，整个存期按支取日定期整存整取半年期存款利率的6折计息；存期在1年以上（含1年），无论存期多长，整个存期一律按支取日定期整存整取1年期存款利率的6折计息。方便灵活，收益较高；手续简便，利率合理。存款期限不受限制，适合存款期限不确定的储户。

8. 大额可转让定期存单

大额可转让定期存单指的是一种固定面额、固定期限、可以转让的大额存款定期储蓄。大额可转让定期存单（CDs）其面额不得低于500元，以500元的整数倍，即1000元、1500元、2000元等发行。

大额可转让存单的期限为1个月、3个月、6个月、9个月和12个月共5个档次。它与整存整取定期储蓄基本相同，不同的是，大额可转让存单可以转让，但不可提前支取，也不分段计息，到期一次还本付息，不计逾期息。大额可转让定期存单分记名式和不记名式两类。

二、利息的计算

（一）利率

利率是资金的使用价格，是因使用货币而支付（或挣到）的货币。利率常以百分率（%）或千分率（‰）、万分率（‱）表示。

公式：利率=利息/本金

计算利息有三个基本要素：本金、利率和时间。

利息的多少与这三个要素成正比关系：本金数量越大，利率越高，存放期越长，则利息越多；反之，利息就越少。

（二）单利与复利

单利是指计算本金在投资期限内的时间价值（利息），而不计算利息的利息（利不生利）。

复利是指在每经过一个计息期后，都要将所生利息加入本金，以计算下期的利息。这样，在每一计息期，上一个计息期的利息都要成为生息的本金，即以利生利，也就是俗称的“利滚利”。

三、现金规划程序

（一）确定储蓄额度

一般情况下，在确定储蓄额度时，要考虑个人投资者的收入、支出水平，投资的收益和风险偏好等因素。有的人是根据一个月的收入水平，扣除各种必需的和可以预见的消费外，将剩余的收入在各种金融资产中进行分配，确定适当的储蓄额度。还有的人则是根据需要进行储蓄，例如刚参加工作，两年内需要买一台钢琴，那么从现在开始必须每月储蓄一定金额，两年后才能攒够这笔购买钢琴的钱。

（二）选择储蓄网点

目前，我国的储蓄网点众多，各网点的储蓄种类、利率差别不明显，似乎到哪儿储蓄差别不大，储户选择余地很小。一般人都愿意选择离家较近、存取方便、服务态度好、科技手段先进的银行储蓄网点。

（三）选择储蓄理财方式

储蓄理财产品的种类很多，各种储蓄产品有不同的特色，可互为补充，并能满足不同投资者的理财要求。选择哪种方式储蓄理财，应根据投资者的具体情况而定。

（四）选择储蓄存期

一般而言，存期越长，利率越高。但存期过长，当需要变现时，未到期提取会损失定期存款利息，继续持有又难以满足必要的流动性需求。此外，在利率上升时，会错失利率上升的投资机会。所以，要结合个人实际情况，兼顾流动性、效益性需求，选择合理的储蓄存期。

四、现金规划技巧

（一）储蓄起到了投资的“蓄水池”的作用

家庭除去日常的现金外，应尽可能及时存入银行，因为手上的现金是没有任何收益的。当“池水”中的资金积累到一定的程度时，应将它们转移到收益更高的投资项目上。在其他投资收益兑现后，又可转回来，等待下一个机会。由此可见，储蓄是一个现金的中转站，它既是投资理财的先导，又是投资理财的后盾，往往是通向致富之路的第一站。

（二）储蓄存款组合

储蓄存款组合的原则是兼顾收益和日常开支的需要。根据家庭预算表可以估算出以后每个月需要的现金支出和收支结余，这样就可以找到适合的储蓄种类来处理结余资金。

（三）根据利率走势调整储蓄组合

如果国家的经济形势开始好转，利率有进一步提升的可能，则存期不宜过长。如果经济发展到一个较高的水平，利率水平也较高，则可存入长期的定期；如果利率下降到低谷时，则选择短期存款或转向其他投资品种。

（四）提前支取有技巧

由于特殊原因需要提前支取，则支取部分按活期计算。有什么好办法可以减少损失？一是只支取需用部分的金额；二是办理存单抵押贷款。对已存时间较长的存单，采用以此存单抵押申请贷款来节约急用资金问题，可相应减少损失。

资料卡：

理财储蓄的方法

（一）目标储蓄法

如果想购买一件高档商品或操办某项大事，应根据家庭经济收入的实际情况建立切实可行的储蓄指标并制定攒钱措施。

（二）计划储蓄法

每个月领取月薪后，可以留出当月必需的生活费用和开支，将余下的钱按用途区分，选择适当的储蓄品种存入银行，这样可减少许多随意性的支出。

（三）节约储蓄法

注意节约，减少不必要的开支，杜绝随意消费和有害消费，用节约下来的钱参加储蓄。

（四）增收储蓄法

在日常生活中，如遇上增薪、获奖、稿酬、亲友馈赠和其他临时性收入时，可权当没有这些收入，将这些增收的钱及时存进银行。

（五）折旧存储法

为了家用电器等耐用消费品的更新换代，可为这些物品存一笔折旧费。在银行设立一个"定期一本通"存款账户，当家庭需添置价值较高的耐用品时，可以根据物品的大致使用年限，将费用平摊到每个月。这样，当这些物品需要更换时，账户内的折旧基金便能派上用场。

（六）缓买储蓄法

如家庭准备添置一件高档耐用消费品或其他珍贵物品时，由于其并非迫切需要或实用价值不高，可缓一两年再买，先将这笔钱暂时存入银行。待消费高峰期过后，此类商品价格必然会回落，那时就可以买到便宜货。

（七）降档储蓄法

在准备购进一件贵重物品时，可以购买档次稍低一些的商品，把省下来的钱存入银行。

（八）滚动存储法

每月将积余的钱存入一张1年期整存整取定期储蓄，存储的数额可根据家庭的经济收入而定，存满1年为一个周期。

1年后第一张存单到期，可取出储蓄本息，凑个整数，进行下一轮的周期储蓄。

如此循环往复，手头始终是12张存单，每月都可有一定数额的资金收益，储蓄数额滚动增加，家庭积蓄也随之丰裕。

滚动储蓄可选择1年期的，也可选择3年期或5年期的定期储蓄。这种储蓄方法较为灵活，每月存储额可视家庭经济收入而定，无须固定。一旦急需钱用，只要支取到期或近期所存的储蓄就可以了，可以减少利息损失。

（九）四分存储法

“四分存储法”又叫“金字塔”法，如果你持有1万元，可以分别存成4张定期存单，存单的金额呈金字塔状，以适应急需时不同的数额。可以将1万元分别存成1000元、2000元、3000元、4000元4张1年期定期存单。

这样可以在急需用钱时，根据实际需用金额领取相应额度的存单，可避免需取小数额却不得不动用大存单的弊端，以减少不必要的利息损失。

（十）阶梯存储法

假如你持有3万元，可分别用1万元开设1至3年期的定期储蓄存单各1份。

1年后，你可用到期的1万元再开设1张3年期的存单，以此类推，3年后你持有的存单则全部为3年期的，只是到期的年限不同，依次相差1年。

这种储蓄方式可使年度储蓄到期额保持等量平衡，既能应对储蓄利率的调整，又可获取3年期存款的较高利息。

这是一种中长期投资，适宜于工薪家庭为子女积累教育基金与婚嫁资金等。

五、储蓄卡与信用卡使用注意事项

（一）借记卡

借记卡（Debit Card）是指先存款后消费（或取现）没有透支功能的银行卡。按其功能的不同，可分为转账卡（含储蓄卡）、专用卡及储值卡。借记卡是一种具有转账结算、存取现金、购物消费等功能的信用工具。借记卡不能透支。转账卡具有转账、存取现金和消费功能。专用卡是在特定区域专用用途（百货、餐饮、娱乐行业以外的用途）使用的借记卡，具有转账、存取现金的功能。储值卡是银行根据持卡人要求将资金转至卡内储存，交易时直接从卡内扣款的预付钱包式借记卡。

2015年12月，银监会下发《关于银行业打击治理电信网络新型违法犯罪有关工作事项的通知》（以下简称《通知》），规定2015年起同一客户在同一机构开立的借记卡原则上不超过4张。在这之前国内一些银行规定，同一客户的借记卡开卡数量最多为10张。这一规定将遏制银行卡买卖等行为，为电信诈骗的销赃设置障碍。

《通知》规定，自2016年1月1日起，同一客户在同一机构开立借记卡原则上不得超过4张（不含社保类卡）。同时，《通知》还规定“同一代理人在同一商业银行代理开卡原则上不得超过3张。代理开立的借记卡，需代理人持本人有效身份证件在柜面办理卡片启用后方可使用”。《通知》还要求，针对已经拥有超过4张借记卡的客户，银行要主动与客户联系核查，发现非本人意愿办理的，应中止服务。

（二）信用卡

信用卡是商业银行向个人和单位发行的，凭以向特约单位购物、消费和向银行存取现金，具有消费信用的特制载体卡片，其形式是一张正面印有发卡银行名称、有效期、号码、持卡人姓名等内容，背面有磁条、签名条的卡片。我们所说的信用卡，一般单指贷记卡。

作为一种支付工具的银行卡，按性质可以分为借记卡、准贷记卡和贷记卡三种。其中，借记卡不能透支；准贷记卡是具有中国特色的信用卡，在社会征信体制不完善的情况下，往往需要凭担保或存保证金才可以有条件有限度地透支消费，目前正逐渐退出金融领域；而贷记卡是真正意义的信用卡，申办无须担保、无须保证金，透支消费具有免息期。

信用卡按使用对象可分为单位卡和个人卡，按信誉等级可分为白金卡、金卡和普通卡，按币种可分为人民币卡、国际卡或兼有两种功能的双币种卡。

信用卡使用技巧：

1. 巧用自动还款，避免利息损失

目前信用卡的还款方式有三种：

① 自动转账还款，即事先选择一个存款账户，将号码告知银行，并授权银行在到期付息日前一个工作日，根据户主月结单上载明的结欠金额直接从户主活期存款账户扣除。

② 半自动还款，即同样约定一个活期存款账户，但不授权银行定期扣款，而是由持卡人通过电话等形式通知银行扣款。

③ 主动还款，即在收到月对账单后前往银行办理还款手续，可用现金、支票或从个人储蓄账户转账还款。

2. 获取较高的授信额度

信用卡的透支功能相当于信用消费贷款。一般情况下，授信额度相当于消费者5个月的工资收入。如果消费者想申请更高的授信额度，则可提供有关的资产证明或担保证明，如房产证明、证券持有证明以及银行存款证明等。

3. 注意信用卡循环利息

循环利息的计算是从账目发生日起开始的，而不是通常认为的免息期结束日，循环额度的计息方式为日息万分之五，年利率高达18.25%，是普通商业贷款利率的3倍多。一般来说，上期对账单的每笔消费金额为计息本金，自该笔贷款记账日起至该笔账款还清日止为计息天数，日息万分之五。循环信用的利息将在下期的对账单中列示。

4. 算清免息还款期

免息还款期：针对消费交易，对按期全额还款的持卡人提供的免息待遇，免息时间为刷卡消费交易日还款日期间，最长50天，最短20天。

5. 留意年费相关事项

办理信用卡后要经常使用为宜，因为信用卡刷满一定次数就能免年费。另外，勤刷卡消费，可以提高信用卡额度。

6. 莫把贷记当存折

信用卡内的存款（备用金）不计利息，这在各银行的客户协议或章程中都有明确的规定。银行这样操作是因为鼓励消费、不鼓励存款是发行信用卡的初衷。因此，持卡人切记不要将信用卡当作存折使用。

7. 提现也要收利息

信用卡提现是银行为满足持卡人紧急需要现金的需求而设立的。目前信用卡提现的收费标准非常高，扣1%～3%的手续费，提现的金额按照日息万分之五计算利息，并按月计算复利。所以在非紧急情况下请勿使用信用卡提现功能。

8. 留意信用卡的滞纳金

常见的滞纳金计算方法：未能在到期还款日（含）前偿还最低还款额，应支付所用款项从记账日起至还款日止的透支利息外，还按照最低还款额未还部分的一定比例支付滞纳金，为最低还款额未还部分的5%。

例如，张先生本期账单最低还款额为1000元，而在最后到期还款日仅还款500元，少还500元，就要支付滞纳金25元。计算公式：25＝（1000－500）×5％（注：部分银行对人民币账户最低收取人民币10元，美元账户最低收取1美元）。

资料卡：

表5-1 借记卡、准贷记卡和贷记卡的区别

借记卡	准贷记卡	贷记卡
先存后用	先存后用，可适当透支	先用后还
存款计息	存款计息	存款不计息
同城取现无手续费	同城取现无手续费	取现收取高手续费
年费很低	年费介于借记卡和贷记卡之间	年费最高
无使用年限限制	使用年限最长为两年	使用年限一般为3年
不提供对账单，可索取	不提供对账单，可索取	每月免费提供账单
不可透支	可透支（额度小）	月透支10万以下，单笔单位不得超过5万元，个人不超过2万
	无免息期	免息还款期最长为60天
	透支之日起每天按万分之五计单利	免息期后每天按万分之五计复利，超信用额度部分5％收取滞纳金
	最长透支天数60天	无透支天数约束

本章小结

储蓄规划的工具包括活期储蓄、个人通知存款、整存整取、零存整取、整存零取、存本取息、定活两便、大额可转让定期存单。

现金规划程序主要包括确定储蓄额度、选择储蓄网点、选择储蓄理财方式、选择储蓄存期。现金规划技巧主要是进行储蓄存款组合、根据利率走势调整储蓄组合、提前支取技巧等。另外，目前日常生活中多使用的借记卡和信用卡，两者各有特点，在使用的过程中也有一些需要注意的问题。

复习思考题

1. 你认为日常生活中最常用的现金规划工具有哪些？
2. 现金规划的程序有哪些？
3. 现金规划的技巧有哪些？
4. 试分析不同储蓄方法的差异。

第六章　消费支出规划

学习目标

1. 掌握住房贷款的还款方式。
2. 熟悉住房贷款的影响因素、原则及住房贷款的流程。
3. 能够分析客户的住房消费需求。
4. 能够选择适当的支付方式。
5. 能够向客户提供相关的咨询服务。
6. 能够熟练掌握等额本息和等额本金两种还款方式下每月还款额的计算方法。

专业术语

住房消费；汽车消费；个人消费信贷

案例导入

住房消费规划需要注意的问题

无论是福利分房的计划经济时代，还是房价高涨的市场经济时代，房子无疑都是人们生活中最重要的消费品之一。那么人们在进行住房规划时需要注意什么呢？

1. 量力而行，有多少钱就买多大的房子。很多人都喜欢大房子，认为只有大房子才能住得舒服，够体面。其实，买房是为了提高自己的生活质量，如果不结合自己的经济情况一味求“大”，那么势必影响生活水平，甚至加入房奴队伍，得不偿失。同时，大房子还意味着入住后的高成本，无论是物业管理费、维修费还是取暖费，都比小房子高得多。

2. 不需要进行过于长远的规划。很多人买房子会计划得很长远，会将未来十几年或者几十年后出现的问题考虑到购房规划中来。以王小姐为例，王小姐刚刚结婚，打算买房，尽管她与丈夫工作地点都在北京的大兴区，但是考虑到未来孩子上学的问题，他们还是将房子买在了教育师资比较好的海淀区。从理财规划的角度来看，这一选择是不合适的。首先，同样的房子海淀区要比大兴区的每平方米贵 7000 元，房子就要多出 80 万元；同时，王小姐夫妻的交通费用与交通时间也大大增加了，他们每天花在路上的时间就达 2 个多小时。他们的孩子至少也要在 8 年后才上小学，而 8 年后海淀区的师资是不是还比较好、海淀区的房价会不会下降等问题无法预知。

就像广告语“一切皆有可能”，时间是能够改变一切的。与其为了如今还无法控制的因素而买房，不如让可以控制的今天变得更好。

启示：家庭消费支出包括住房支出、汽车消费支出、个人消费信贷支出等内容。家庭消费支出规划的目的是要合理安排消费资金，树立正确的消费观念，节省成本，保持稳健的财务状况。家庭消费支出规划是理财业务中不可或缺的内容，如果消费支出缺乏计划或者消费计划不得当，家庭很可能支付过高的消费成本，甚至会出现财务危机。

第一节　制定住房消费方案

一、为什么要进行住房消费规划

随着住房商品化政策的推行，大多数老百姓会选择通过贷款的方式购房。近几年，由于多种因素的影响，我国房地产价格一直居高不下，很多人由于债务负担过重沦为“房奴”，严重影响家庭生活质量。目前，各大银行推出个人金融业务创新，相继推出多种多样的还、贷款方式，更令普通大众不知如何选择。

为了避免这一问题，在个人（家庭）购房之前，可以提前进行行之有效的财务规划：

① 根据负担能力、个人所处的什么周期阶段选择合适的住房；

② 设定购房目标，提前准备；

③ 根据客户的财务状况在各种还款方式中选择最佳的还款方式；

④ 将住房消费规划与其他规划，如子女教育规划、保险规划、退休养老规划等结合，综合考量；

⑤ 最终确定最佳的理财方案等。

二、住房支出的分类

根据目的不同，住房支出可分为住房消费和住房投资两类。

住房消费是指居民为取得住房提供的庇护、休息、娱乐和生活空间的服务而进行的消费，这种消费的实现形式可以是租房也可以是买房。按照国际惯例，住房消费价格常常是用租金价格来衡量的（对于自有住房的则用隐含租金来衡量）。

住房投资是指将住房看成投资工具，通过住房价格上升来应对通货膨胀、获得投资收益以期资产保值或增值。

三、购房的目标

购房目标包括客户家庭计划购房的时间、希望的居住面积、届时房价这三大要素。

目前市面上不同建筑面积的商品房种类繁多，如何帮助客户选择适宜居住且经济上能够承担的住房，是理财规划师又一必备的技能。理财规划师应把握以下几个原则：

1. 不必盲目求大

房屋的主要功能是满足人们居住的需要，若房子买得太大，势必会有一部分面积闲置，由于现在房价普遍较高，为不经常使用的面积买单是不明智的。

2. 无须一次到位

一些客户尤其是年轻客户往往喜欢一步到位，认为买的房屋面积大，可以一劳永逸。实际上这是一种错觉，人们在一套房子里住一辈子的可能性越来越小，每隔一二十年会更换一套住房，且从户型设计角度看，一二十年后也会过时。另外，子女成家后会另择新居，一旦他们离开，则闲置的面积就会更多，不符合理财规划的初衷。

3. 量力而行

一些客户为了面子，会倾向于买大面积的房子。面积大的房子，势必总价高，首付多，贷款多，贷款利息也多，月供负担沉重，用于生活的日常开支就会紧缩，影响生活质量的提高。

另外，由于总价低，需求人群多，小户型房屋比大面积套型更容易转手，因此对购买第一套住房的客户，理财规划师应对此因素进行考虑。

1. 购房环境需求

房价取决于两个因素：一是区位，二是面积。房子大小主要取决于居住人数。但区位的单价相差很大，同样一笔钱，买较好地段的房子房价较高，面积也相应较小；而买地段较差的房子房价较低，面积会相应较大。地段较差的房子，往往离客户的工作地点较远，生活较为不便利，虽然住房面积增大，但是交通成本却大大增加，消耗在路上的时间成本也增加，不能达到最优的理财效果。

因此，理财规划师必须综合考虑客户的负担能力以及环境需求问题，包括所居住社区的生活质量、上班的距离、子女上学、配套设施等，都是购房时必须考虑的问题。

2. 购房规划的流程图（如图 6-1）

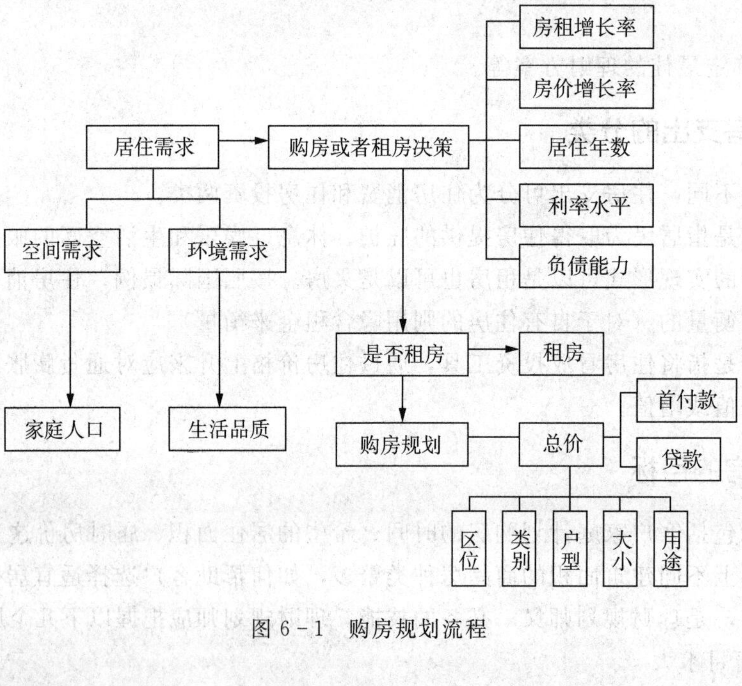

图 6-1 购房规划流程

四、购房的财务决策

在确定了购房目标后，就需要计算购房所需的总价款。

(一) 根据自己储蓄及缴息能力估算负担得起的房屋总价以及每月能承担的费用

目前，购房开支除房款本身外，还需要缴纳契税、印花税、房屋买卖手续费、公证费、律师费等各种费用，加总上述费用，就可以得到客户家庭在预期的购房时间上总的资金需求，即购房规划要实现的财务目标。估算负担得起的房屋总价的方法如下：

① 可负担首付款＝目前净资产在未来购房时的终值＋以目前到未来购房这段时间内年收入在未来购房时的终值×年收入中可负担首付比例的上限；

② 可负担房贷＝以未来购房时年收入为年金的年金现值×年收入中可负担贷款的比率上限；

③ 可负担房屋总价＝可负担首付款＋可负担房贷；

④ 可负担房屋单价＝可负担房屋总价/需求平方米数。

注意：①中的终值和②中的现值都是以购房的时间为标准。

（二）按想购买的房屋价格来计算每月需要负担的费用

欲购买的房屋总价＝房屋单价×需求面积

需要支付的首期部分＝欲购买房屋总价×（1－按揭贷款成数比例）

需要支付的贷款部分＝欲购买房屋总价×按揭贷款成数比例

每月摊还的贷款本息费用＝需要支付的贷款部分的以月为单位的准年金值

另外，经验数据显示，贷款购房房价最好控制在年收入的 6 倍以下，贷款期限在 8～15 年，因为在这个范围内，月均还款额下降较快，每月还款压力较小，而且承担的压力也比较合理。

在购房时，除了房屋的价格，还有一些相关的税费，主要包括：

1. 契税

购买住房需要缴纳 3%～5%的契税。

资料卡：

财政部近日发布《关于调整房地产交易环节契税、营业税优惠政策的通知》，自 2 月 22 日起，将首套房面积为 140 平方米以上的，从 3%减按 1.5%的税率征收契税；二套房契税则从 3%降为 1%～2%不等。但二套房优惠政策，北上广深四地暂不实施。

福利一：房地产契税降低

（一）对个人购买家庭唯一住房（家庭成员范围包括购房人、配偶以及未成年子女，下同），面积为 90 平方米及以下的，减按 1%的税率征收契税；面积为 90 平方米以上的，减按 1.5%的税率征收契税。

（二）对个人购买家庭第二套改善性住房，面积为 90 平方米及以下的，减按 1%的税率征收契税；面积为 90 平方米以上的，减按 2%的税率征收契税。

家庭第二套改善性住房是指已拥有一套住房的家庭，购买家庭的第二套住房。

福利二：销售购买 2 年以上住房，免征营业税

个人将购买不足 2 年的住房对外销售的，全额征收营业税；个人将购买 2 年以上（含 2 年）的住房对外销售的，免征营业税。

2. 评估费

商业银行对不同类型的住房贷款抵押品是否需要评估有不同的规定。

3. 律师费

各银行对于律师费的缴纳也有不同的规定，如果办理公积金贷款则不需要支付律

师费。

4. 保险费

保险费是贷款费用中额度最大的一笔费用，贷款银行一般都要求进行抵押担保的买方贷款人到其认可的保险公司办理抵押物财产保险及贷款信用保险。

5. 印花税

房地产印花税是指因房地产买卖、房地产产权变动和转移等而对书立的或领受的房地产凭证的单位和个人征收的一种税赋。

房地产印花税的税率有两种：第一种是比例税率，适用于房地产产权转移书据，税率为0.05%；同时适用于房屋租赁合同，税率为0.1%；房产购销合同，税率为0.03%。第二种是定额税率，适用于房地产权利证书，包括房屋产权证和土地使用证，税率为每件5元。

6. 抵押登记费

需办理抵押登记的贷款，抵押登记部门将收取按每平方米0.30元（建筑面积）计算的登记费。二手房贷款需公证，公证费每间200元左右。

通过上述计算方法计算出相关费用后，购房方案是否可行，可以参考两个非常重要的指标：

① 住房负担比=房屋月供款/税后月总收入的比率。房屋月供款占借款人税后月总收入的比率，一般不应超过25%～30%。

② 财务负担比=所有贷款月供款/税后月总收入的比率。房屋月供款加上其他10个月以上贷款的月供款得到的总额占借款人税后月总收入的比率，一般应控制在40%以内。

五、住房消费信贷

（一）住房消费信贷的种类

个人住房消费信贷的方式主要包括个人住房公积金贷款、个人住房商业性贷款、个人住房组合贷款等。

1. 住房公积金贷款

缴存住房公积金的职工以其所拥有的产权住房为抵押申请的专项贷款。贷款期限最长为30年（不得超过法定退休年龄）。住房公积金贷款利率是目前个人贷款中利率最低的品种，贷款额度根据所购房屋不同适用不同的比例。

资料卡：

住房公积金贷款

住房公积金贷款是指由各地住房公积金管理中心运用职工以其所在单位所缴纳的住房公积金，委托商业银行向缴存住房公积金的在职职工和在职期间缴存住房公积金的离退休职工发放的房屋抵押贷款。住房公积金是指国家机关、国有企业、城镇集体企业、外商投资企业、城镇私营企业及其他城镇企业、事业单位及其在职职工缴存的长期住房储金。职工缴存的住房公积金和职工所在单位为职工缴存的住房公积金，是职工按照规定储存起来的专项用于住房消费支出的个人储金，属于职工个人所有。职工离退休时本息余额一次付偿，退还给职工本人。

住房公积金贷款的类别：新房贷款、二手房贷款、自建住房贷款、住房装修贷款、商业性住房贷款转公积金贷款等。（注意：不是所有的公积金中心都提供以上类别的贷款，请先咨询当地住房公积金管理机构。）

特点

相对于商业住房贷款，住房公积金贷款具有利率较低、还款方式灵活、首付比例低的优点，缺点在于手续烦琐、审批时间长。

办理流程

1. 贷款人申请住房公积金贷款需到银行提出书面申请，填写住房公积金贷款申请表并如实提供下列资料：

（1）申请人及配偶住房公积金缴存证明。

（2）申请人及配偶身份证明（指居民身份证、常住户口簿和其他有效居留证件），婚姻状况证明文件。

（3）家庭稳定经济收入证明及其他对还款能力有影响的债权债务证明。

（4）购买住房的合同、协议等有效证明文件。

（5）用于担保的抵押物、质物清单、权属证明以及有处置权人同意抵押、质押的证明，有关部门出具的抵押物估价证明。

（6）公积金中心要求由第三方担保人做担保，并缴纳担保费用，由借款人、贷款人及第三方担保人共同签订三方合同。

（7）公积金中心要求提供的其他资料。

2. 对资料齐全的借款申请，银行及时受理审查，并及时报送公积金中心。

3. 公积金中心负责审批贷款，并及时将审批结果通知银行。

4. 银行按公积金中心审批的结果通知申请人办理贷款手续，由借款人夫妻双方与银行签订借款合同及相关的合同或协议，并将借款合同等手续送公积金中心复核，公积金中心核准后即划拨委贷基金，由受托银行按借款合同的约定按时足额发放贷款。

5. 以住房抵押方式担保的，借款人要到房屋坐落地区的房屋产权管理部门办理房产抵押登记手续，抵押合同或协议由夫妻双方签字，以有价证券质押的，借款人将有价证券交管理部或中心收押保管。

主要优势

1. 公积金贷款利率优惠。

同样贷款金额和还款年限，公积金贷款与商业贷款相比能节省数万元利息。以一套40万的房屋为例，贷款28万。若商业贷款年限为25年，则月均还款1721元，25年付款总额516300元，支付利息总额高达236300元。而同样是年限25年的公积金贷款，月均还款1548元，25年总还款464400元，支付利息总额184400元，比起商业贷款而言，每月能少支付173元月供，25年共节省利息支出近51900元。

同样贷款金额，同样还款数额，公积金贷款与商业贷款比，不仅还款时间短，还款利息更少了许多。同样的，28万元贷款，若同样以1721元/月的金额还款，商业贷款还款300个月，历时25年，支付总额达516300元，支付利息236300元。而公积金贷款在还款到第 251 个月，即在第 21 年时，全部本金及利息就已经还清，支付总额 430715 元，支付利息仅 150715 元，比商业贷款节省利息支出 85585 元。

2. 公积金贷款还款更加方便灵活。

用公积金按揭贷款购买住房，银行的还款方式会比商业贷款购买住房更加的灵活，借贷人可以自己确定每个月的还款额，但是前提是每个月的还款额不要低于银行规定的最低还款额。这样一来，借贷人就可以根据自己的经济实力制定合理可行的还款计划，方便借贷人安排自己每月的经济支出。对于公积金按揭贷款的提前还款，借贷人可以提前偿还部分或者全部的贷款本金和利息，并且不需要支付任何的违约金。

但是如果借贷人选择的是商业贷款的话，银行贷款的偿还方式可就没有这么灵活了。对于商业性的贷款，提前还款的方式就只有两种，一种是一次性提前还清，另一种就是以万的倍数提前偿还。

3. 公积金贷款对所购房产的限制性更小

目前各大商业银行对于二手房贷款的限制条件比较多，对于房龄过高、房产地段不好、房产变现能力差的二手房在银行是很难申请到住房贷款的。但是对于公积金贷款购房，银行对二手房房龄的限制就相对较少，二手房的房龄和住房贷款的年限加起来不超过 50 年就可以申请公积金按揭贷款。

2. 个人住房商业性贷款

个人住房商业性贷款是用银行信贷资金向购房借款人发放的住房贷款，一般为抵押贷款。

资料卡：

个人住房商业性贷款

个人住房商业性贷款是银行用其信贷资金所发放的自营性贷款。具体指具有完全民事行为能力的自然人，购买本市城镇自住住房时，以其所购买的产权住房（或银行认可的其他担保方式）为抵押，作为偿还贷款的保证而向银行申请的住房商业性贷款（抵押贷款是商业性贷款中的一种贷款方式）。个人住房商业贷款是我国公民因购买商品房而向银行申请的一种贷款，有关银行规定，凡符合下列两种情况之一的，即可申请贷款品种：一是参加住房储蓄的居民；二是住房出售商和贷款银行有约定，由房地产担保企业为居民购房贷款向银行提供担保。

申请条件

具有合法有效的身份证明。

1. 本市居民的身份证、户口簿；外省市居民除身份证、户口簿外，还需提供所在地户籍管理部门提供的户籍证明或暂住证；境外人士提供护照；未满 18 周岁需提供出生证或独生子女证。

2. 必须有稳定合法的经济收入，能够提供相应的收入和资产证明。收入证明由借款人所在的工作单位出具，加盖公司人事章或公章加营业执照复印件；个体户、私营、民营借款人可提供近三个月税票和营业执照复印件；所开具的月收入超过 2000 元人民币的，应提供税单或其他资产证明（银行存单、有价证券、投资证明、房产等）。

3. 具有完全民事行为能力的自然人，无不良信用记录。

4. 与卖方签订有效的购房合同或购房协议。

5. 支付了规定比例的首付款（一般是不低于所购房屋总价的30%）或在贷款银行存入了不低于首付款的存款。

6. 贷款人年龄在18～65周岁，不同年龄所贷款年限的限制有所不同。

7. 贷款银行规定的其他条件。

提供材料

1. 贷款申请人、配偶、共同借款人、产权共有人的身份证（暂住证、护照、未成年人出生证或独生子女证）复印件。

2. 贷款申请人、配偶、共同借款人、产权共有人的私章。

3. 贷款申请人、配偶、共同借款人、产权共有人的户口簿复印件。

4. 贷款人婚姻情况证明（已婚提供结婚证、未婚提供单身证明、离婚提供离婚证）。

5. 贷款人收入证明。

6. 房屋买卖合同原件一本。

7. 买卖合同上所述的出售方签字的首付款收据。

8. 所购买房屋的产权证复印件。

贷款成数

1. 二手房住宅贷款成数最高为购房总价与房屋评估价两者之间低值的70%，根据不同银行不同套数贷款额度有所浮动，具体以所贷款银行的要求为准。

2. 贷款期限最长为30年，借款人到贷款期限年龄男子不超过65岁，女子不超过60岁。

3. 贷款利率按照中国人民银行有关贷款利率的规定执行。

贷款流程

1. 办理申请手续准备相关贷款材料。

2. 银行初审。

3. 购买保险。

4. 银行复审。

5. 签订《住房抵押贷款合同》。

6. 与卖方办理房屋产权过户。

7. 银行为该房屋办理抵押登记手续。

8. 交易中心出产证、银行取回他项权利证明，银行放款。

还款方式

1. 等额本息还款法，即借款人每月以相等的金额偿还贷款本息，又称为等额法。其特点是每月还款的本息和一样，容易做出预算，初期还款压力减小，但还款初期利息占每月还款的大部分，还款中本金比重逐步增加，利息比重逐步减少，从而达到相对的平衡。此种还款方式所还的利息高，但前期还款压力不大。

2. 等额本金还款法，即借款人每月等额偿还本金，贷款利息随本金逐月递减，还款额也逐月递减，因此又称递减法。其特点是每月归还本金一样，利息则按贷款本金金额逐日计算，前期偿还款项较大，每月还款额逐渐减少。此种还款方式所还的利息低，但前期还款压力大。

注意事项

1. 对家庭现有经济实力做综合评估，以此确定首付款与贷款比例。银行审批的贷款额度一般来讲是小于或等于申请的贷款额度，避免贷款额度不足而造成房屋买卖合同违约。

2. 对家庭未来的收入及支出做合理的预期。谨慎地制订贷款及还款计划，如果你的预期收入有风险以及有较大的预期支出，将会削弱你的还款能力，从而影响你的还款资信。

3. 预算还款能力。还款能力是决定可贷款额度的重要依据，其计算方式：家庭平均月收入减去家庭平均月支出的余额，在计算时要考虑收入和支出的可能变化。

4. 预算最高可承受的贷款额度。月还款能力与月还款额相等的贷款额度为其最高可承受的贷款额度。

5. 首付款的宽松原则。首期付款不要把手头的现金用完，而应留有资金用于装修、配置、还款、投资、创业的费用。

6. 评估所买房屋的贷款资格。若是房龄太久，贷款成数有可能达不到你的要求，还有一些房屋银行是不贷款的，比如拍卖的房屋。要防止因不能贷款或贷款额度不足而影响你的购房计划，甚至因贷款原因不能支付卖方房款而造成违约。

3. 个人住房组合贷款

个人住房组合贷款是指向缴存公积金的购房借款人同时发放个人住房公积金贷款和个人住房商业性贷款的一种贷款方式。

借款人申请住房公积金贷款不足以支付购房所需资金时，其不足部分向银行申请住房商业性贷款。申请个人住房组合贷款，只要同时符合个人住房按揭贷款和个人住房公积金贷款的贷款条件即可。

需要特别注意的是组合贷款的贷款人（主贷人）必须是同一人。组合贷款额度是指根据客户个人住房公积金月交额核定出住房公积金贷款的可申请额度，其剩余款项再申请个人商业贷款。组合贷款中公积金贷款部分及住房商业性贷款部分的贷款期限必须一致。

（二）还款的方式和金额

由于住房贷款利率很高，若期限太长，客户将支付较多的贷款利息，选择的期限太短，可能导致客户陷入财务危机中，所以理财规划师应帮助客户正确地制定适合自己的还款方式。

1. 首付款

申请住房消费信贷时银行不会给予全额贷款，一般会要求借款人支付房屋总价款的20%～30%，这笔资金称为首付款。

贷款额度决策的关键在于资金的机会成本，若资金投入其他项目可以带来的回报高于增加贷款带来的成本，就应该尽量申请最大额度的贷款。反之，贷款额度则不宜过高，虽然银行的最高贷款额度为80%，但是申请贷款时不一定要满这个额度，首付越多，今后偿还的本金越少，偿还期限可以缩短，利息支付也可减少。

2. 期款

在解决了首付款的问题后，其余的放款则可以通过贷款解决。借款人在获得住房贷款后，须定期向银行归还本息，贷款期限在1年以内（含1年）的，实行到期一次性清偿的还款方式。贷款期限在1年以上的，可采用等额本息还款法、等额递增还款法、等额递减还款法和等额本金还款法每月偿还。采取分期还款方式时，一般采取按期计息方式。在放款当期一般并不要求借款人归还借款，而采取于下个结息期规划应还款项的方式。一般将个人住房贷款放款日当期实际天数加计下个结息期为贷款首期。

（1）等额本息还款法

等额本息还款法是指借款人每月按相等的金额偿还贷款本息，其中每月贷款利息按月初剩余贷款本金计算并逐月结清。其计算公式如下：

每月还款额＝贷款本金×［月利率×（1＋月利率）＾还款月数］÷

｛［（1＋月利率）＾还款月数］－1｝

适用人群：收入处于稳定状态的家庭，买房自住，经济条件不允许前期投入过大，可以选择这种方式，如公务员、教师等收入和工作机会相对稳定的群体。这也是目前绝大多数人采用的还款方式，其优点在于借款人还款操作相对简单，等额支付月供也方便贷款人合理安排每月收支。

【例6－1】　王先生制定的住房商业性贷款方案，向银行申请20年期30万元贷款，年利率6.39％。若采用等额本息还款法，每个月的还款额是多少？

解　每月还款额＝300000×［6.39％/12×（1＋6.39％/12）＾（20×12）］÷｛［（1＋6.39％/12）＾（20×12）］－1｝＝2217（元）

（2）等额本金还款法

等额本金还款法是指贷款期限内按月偿还贷款利息和本金，其中每月所还本金相等。其公式如下：

每月还款额＝贷款本金÷贷款期月数＋（本金－已归还本金累计额）×月利率

适用人群：适合生活负担会越来越重（养老、看病、孩子读书等）或预计收入会逐步减少的人使用。

等额本金还款法的特点是本金在整个还款期内平均分摊，利息则按贷款本金余额逐日计算，每月还款额在逐渐减少，但偿还本金的速度是保持不变的。使用本法，开始时每月还款额比等额本息还款要高，在贷款总额较大的情况下，相差甚至可达千元，但随着时间推移，还款负担会逐渐减轻。

【例6－2】　在例6－1中，假设王先生制定住房商业性贷款还款方案，采用的是等额本金还款，向银行申请20年期30万元贷款，利率6.39％，第一个月还款额为多少？

解　每个月偿还的本金＝300000/20/12＝1250（元）

第一个月还款额＝300000/（20×12）＋（300000－0）×6.39％/12＝1250＋1597.5＝2847.5（元）

其中，已偿还本金＝300000/（20×12）＝1250元，已偿还利息＝2847.5－1250＝1597.5（元）

第二个月还款额＝300000/（20×12）＋（300000－1250）×6.39％/12＝2840.8（元）

以此类推，可计算第三个月、第四个月等的还款额。

（3）等额递增还款法

等额递增还款法指把还款期限划分为若干时间段，每个时间段内月还款额相同，下一个时间段的还款额按一个固定金额递增。

此方法适用于目前收入一般、还款能力较弱，但未来收入预期会逐渐增加的人群，如大学毕业不久的学生，目前收入不高的年轻人可优先考虑此种还款方式。

（4）等额递减还款法

等额递减还款法指把还款期限划分为若干时间段，在每个时间段内月还款额相同，下一个时间段的还款额按一个固定金额递减。

此方法适用于目前还款能力较强，但预期收入将减少，或者目前经济很宽裕的人，如中年人或未婚的白领人士。

在等额递减还款法下，借款人在不同的时期内还款虽然不同，但是有规律地减少，而在同一时期，还款额是相同的。

（三）提前还款和延长贷款

1. 提前还贷

借款人在从银行借款后，可能会由于某种原因手头比较宽松。例如：购买彩票获得意外的大奖、收入明显提高、单位发放巨额奖金以及对自己的还款能力估计不足等，为了减少以后在还款期间的额外利息支出，减少以后期间的负担，可以申请提前还贷。

提前还贷的方法通常有几种：

① 将剩余的全部贷款一次性还清，这种方式以后不用再偿还利息，但已付的利息不退。

② 剩余的贷款保持每月还款额不变，将还款期缩短，这种方式节省的利息最多。

③ 剩余的贷款将每月还款额减少，保持还款期不变，即减小月供负担，但节省利息的程度低于第二种还款方式。

④ 剩余的贷款将每月还款额减少，同时将还款期限缩短，这种方式节省的利息最多。

如果在进行贷款时采取的是组合贷款方式，应首先偿还商业贷款，再偿还住房公积金贷款，因为商业性贷款的利息比较高。这样可以减少以后期间的利息支出。

2. 延长贷款

在办理了购房贷款后，也可能出现某些情况造成还款压力加大。例如，家人突然病重、意外事故造成巨额赔款等，使借款人出现财务紧张，甚至不能按时如数还贷，此时可以向银行提出延长贷款的申请。

延长还贷期限的条件：第一是贷款期限尚未到期；第二是延长期限前借款人必须先清偿其应付的贷款利息、本金及违约金；第三是借款人申请延期只限一次。

六、租房

购房支出对于家庭来说是一笔不小的开支，并不是所有人都适合购买住房，只有具有一定经济基础的家庭才适合购买住房；否则，应该采取租房的策略。

（一）适宜住房的人群

1. 刚刚踏入社会的年轻人

一般来说，刚刚工作的年轻人收入较低，没有积蓄，但由于生活水平并不低，造成生活开销并不少。为了避免购房造成沉重的负担，刚毕业的大学生还是租房，尤其是合租更为经济。

2. 工作地点与生活范围不固定者

如果因为工作关系没有确定下来，或者由于其他原因尚没有固定工作地点，则不宜在一个地方买房固定下来。因为房屋是不动产，不会随着购房者的工作地点变动而发生变化。如果发生工作地点的变更时，即便是可以将已经购入的房子再卖出，也会带来一些不便。因此，这种人群不要冲动买房，可以先租房，等到能够真正安定下来的时候，再实施买房计划。

3. 储蓄不多的家庭

当家庭储蓄不多时，首付款就可能消耗了多年的储蓄，此时购买房屋可能会使得家庭财务缺乏弹性，无法应付生活中的危机事件或紧急开支。对于收入不稳定、财力不够雄厚的消费者来说，在没有经济实力买房的情况下，租房也不失为一种理想的选择。

4. 不急需买房且辨不清房价走势者

随着国家楼市新政的推出，房价走势如何，各方说法不一，消费者无法把握也看不清房地产市场的未来发展方向和房价走势。对于不急于马上买房的购房者来说，不如"以静制动"，暂且租房，静观其变。

（二）租房与购房的比较

对于租房人来讲，负担较轻，只是每月付出租金，相对于每月偿还的购房贷款来讲，金额要小得多。而且从长期来看，以后期间的压力比较小，生活上灵活方便，自由性强。由于租房可以距离工作单位比较近，因而也节省了交通费用。可以将平时积累的资金存入银行，获得时间价值。但租房人没有保障，地点较不稳定，有时会由于房东的原因而临时搬迁。

对于购房者来讲，房子有增值能力，可以将购房视为一种投资。由于住房的所有权是自己的，因而有归属感、安全感。一旦需要意外的巨额支出，可以将房子售卖。但偿还贷款的负担较重，购房的压力使生活质量降低。定期支付的物业管理费等也会是一笔不小的开支。同时，由于没有了积蓄，减少了投资金额，便没有了投资收益。（见表 6-1）

表 6-1　租房与购房的比较

	租房	购房
优点	有能力使用更多的居住空间	保值，能够对抗通胀
	比较能够应付家庭收入的变化	强迫储蓄积累财富
	资金较自由，可投向更有利的投资渠道	提高居住品质
	迁徙自由度较大	有信用增强效果
	房屋瑕疵和损毁风险由房东承担	满足拥有房产的心理效用
	租房者的税捐负担较轻	自住兼投资，同时提供居住效用和资本增值机会
	无须考虑房价下跌风险	
缺点	有非自愿搬离的风险	缺乏流动性
	无法按照意愿装修	维持成本高
	被动应对房租上涨风险	财务风险大
	无法运用财务杠杆追求房价利益	

第二节　制定汽车消费方案

汽车不同于房产，汽车不但没有增值能力，而且是一个高档的消费品。首先，汽车对环境造成的污染比较严重；其次，汽车本身的价格比较高；再次，汽车的后续支出非常巨大。除非买车人特别善于投资，将自己的资金都用于投资项目以获取高额的投资回报，用投资回报偿还银行贷款的利息后还有剩余，才可以考虑贷款买车。个人汽车消费贷款实行“部分自筹、有效担保、专款专用、按期偿还”的原则。

一、汽车贷款的途径和贷款方式

（一）商业性银行贷款

商业性银行贷款对贷款对象、贷款条件以及贷款期限等都有严格限制。

1. 贷款对象和条件

申请贷款的个人必须提供有效身份证明且具有完全民事行为能力；有正当的职业和稳定合法的收入来源或足够偿还贷款本息的个人合法资产；个人信用良好；在贷款行开立个人账户，能够支付规定的首期付款；能提供贷款行认可的有效担保。

2. 贷款期限、利率和金额

贷款期限一般为3年，最长不超过5年（含5年）。有的银行还规定，二手车的贷款期限不得超过3年。汽车消费贷款利率按照中国人民银行规定的同期贷款利率执行。在贷款期如遇利率调整时，贷款期限在1年（含）以下的，按合同利率计算；贷款期限在1年以上的，实行分段计算，于下一年年初开始，按相应利率档次执行新的利率。各家银行对于贷款金额要求略有差异，例如，中国工商银行规定，以质押方式担保的，或由银行、保险公司提供连带责任保证的，贷款最高额可达到购车款的80%。

（二）汽车金融公司贷款

个人汽车信贷除了从商业性银行贷款外，也可以从汽车金融公司贷款。相对而言，从汽车金融公司贷款的条件要比银行贷款宽松。主要有以下几点区别：

1. 贷款比例及年限

目前，多数银行规定最低首付款为全车售价的40%，贷款年限一般有3年和5年两种选择，最长不超过5年。而汽车金融公司在贷款比例的要求上显得较为宽松，信誉度非常好的客户首付款可以只付全车售价的20%，这缓解了购车者的资金压力。

2. 申请汽车贷款资格

目前，银行批贷时要考虑申贷人的户口因素，持外省户口的消费者想申请车贷比较困难，而通过汽车金融公司，持外省户口的消费者在一定条件下也可以申请汽车贷款。

3. 车贷利率和其他费用

银行的车贷利率是依照银行利率确定，而汽车金融公司的利率通常要比银行利率高一些。例如：大众汽车金融公司5年期车贷利率为7.33%，3年期车贷利率为6.99%。

银行的汽车消费贷款利率按照中国人民银行规定的同期贷款利率计算，在贷款期间如遇利率调整时，贷款期限在1年（含）以下的，按合同利率计算；贷款期限在1年以上的，实行分段计算，于下一年年初开始，按相应利率档次执行新的利率。

虽然银行利率较低，但是汽车金融公司无杂费。

二、还款方式

个人汽车消费贷款的还款方式同个人住房贷款的大致相同，主要有以下几种方式：

（一）“等额本息”和“等额本金”

“等额本息”和“等额本金”方式主要侧重于本金和利息的组合。首选等额本息还款方式。等额本息法每期还款额相等，但固定的还款额中本金逐期递增而利息则逐期递减；等额本金法本金每期平均分摊，利息则随本金的减少而递减，每期还款额也逐渐递减。

（二）“按月还款”和“按季还款”

“按月还款”和“按季还款”的侧重点在于还款期间隔的长短。由这两“大件”可分别组合成：按月等额本息、按月等额本金、按季等额本息和按季等额本金四种最基本的还款方式组合。在这四种“基本件”中，目前最常用的是“按月等额本息”还款方式。由于这款组合每月还款本息相等，便于记忆，又有利于统筹安排财务支出，故而是大部分购车借款人的首选。其次为“按月等额本金”还款法，这款组合其本金逐月减少的速度要比前一种快，相对应初期的还款本息总额也比前一种多，所以适合期初还款能力较强或有提前还款意愿的借款人。

第三节 制定消费信贷方案

一、个人综合消费贷款

个人综合消费贷款是银行向借款人发放的用于指定消费用途的人民币担保贷款，主要有个人住房、汽车、一般助学贷款等消费性个人贷款，具有用途广泛、贷款额度比较高、贷款期限较长的特点。

以个人住房作为抵押贷款的，一般情况下贷款金额不超过抵押物价值的70%；以个人商用房抵押贷款，贷款金额一般不超过抵押物价值的60%。贷款的期限一般最长不超过5年，如果贷款用于医疗和留学的，期限最长可以分为8年，但不展期。贷款利率按照中国人民银行规定的同期同档次期限利率执行。

借款申请人向银行提出申请，书面填写申请表，同时需要提交以下资料：有效身份证件、常住户口证明、固定住所证明以及个人资产状况证明等。采用房屋抵押方式贷款的，需要提交抵押房屋的房屋所有权证，抵押房屋财产所有人的身份证件和同意抵押的书面证明等，并对房屋抵押物进行评估；抵押住房免于评估的，应提供符合免于评估条件的相关证明材料。

二、个人耐用品消费品贷款

个人耐用消费贷款是指银行对个人发放的用于购买大件耐用消费品的人民币贷款。耐用消费品是指单价在2000元以上，正常使用寿命在2年以上的家庭耐用商品。例如，冰箱、彩电等，但住房、汽车除外。

（一）贷款对象

① 年满18周岁至60周岁的具有完全民事行为能力的中国公民。

② 有固定的住所。

③ 有正当职业和稳定的收入来源。

④ 具有偿还贷款本息的能力。

⑤ 银行规定的其他条件。

（二）贷款额度

贷款起点不低于人民币3000元（含3000元），最高贷款额度不超过人民币5万元（含5万元）。

其中：采取抵押方式担保的，贷款额度不得超过抵押物评估价值的70%；采取质押方式担保的，贷款额度不得超过质押权利票面价值的90%；采取信用或第三方保证方式的，根据借款人或保证人的信用等级确定。

（三）贷款期限

最短期限为半年，最长期限不超过3年（含3年）。

（四）贷款利率

按中国人民银行规定的同期贷款利率执行，并可在人民银行规定的范围内上下浮动。

（五）担保方式及要求

提供的担保方式有保证、抵押和质押三种。

① 借款人以自有财产或第三人自有财产进行抵押的，抵押物必须评估，并办理抵押登记手续。

② 借款人以自己或者第三人的符合规定条件的权利凭证进行质押的，可以质押的权利凭证包括政府债券、定期储蓄存单及建设银行认可的其他权利凭证。质押权利凭证必须合法有效。贷款期限不长于质押权利凭证的到期期限。

③ 借款人以保证方式提供担保的，保证是连带责任的保证，保证人可以是自然人、法人或其他经济组织。保证人为自然人的，信用等级经建设银行评定须达A级以上（含A级）。保证人是法人、其他经济组织的，必须符合法律规定条件并具有代为偿还全部贷款本息的能力，且须是建设银行认可的资信评级在A级以上的优质客户。

④ 未经贷款银行同意，抵押期间借款人（抵押人）不得将抵押物转让、出租、出售、馈赠或再抵押。在抵押期间，借款人有维护、保养、保证抵押品完好无损的责任，并随时接受贷款人监督检查。

（六）需要提供的申请材料

① 有效身份证件原件和复印件。

②《中国建设银行个人耐用消费品贷款申请书》。

③ 建设银行认可部门出具的借款人收入证明。

④ 建设银行营业网点出具的自付款存款凭证。

⑤ 以抵押或质押方式申请贷款的借款人，应提供抵押物或质押财产权利凭证清单、权属证明及有权处分人（包括财产共有人）同意提供担保的书面文件和有关资信证明材料。

⑥ 贷款行要求提供的其他材料。

三、工作要求

理财规划师应根据客户的消费支出规模，帮助客户运用合适的信贷方式。

第一步：跟客户交流，了解初步的信息，确定客户有消费信贷或者信用卡消费的需求。

第二步：收集客户的信息。包括家庭组成、家庭收入和支出、固有的资产等。

第三步：分析客户信息，对其现状进行分析，列出家庭资产负债表和收入支出表。家庭结构不同，这两个表的结构也有所不同，理财规划师只需掌握这两个表的内涵与基本的框架，具体可参考住房消费支出规划内容中资产负债表和收入支出表部分。

第四步：帮助客户进行贷款规划，如选择何种贷款方式、还款方式及还款期限等，并运用相关税收及法律知识，为客户提供必要的支持。

第五步：计划的实施。

第六步：根据客户未来情况的变动，对计划做出及时调整。

本章小结

本章是家庭支出中最重要的内容，因为购房支出、购车支出是家庭支出中较大金额的两笔支出。

对于购房规划，第一，应该根据自己的家庭剩余情况以及家庭的收入情况，慎重考虑购房目标，包括面积、区域、价格等，并将各种税费的支出考虑在内，制订购房计划，确定购房时间。第二，购房目标制定以后，应考虑购房贷款方式，首选住房公积金贷款，因为住房公积金贷款的利率相对较低。如果住房公积金贷款不足，再考虑商业性贷款。在贷款开始的第一个月，就涉及还款的问题，所以采用何种还款方式也需要我们慎重选择。一般情况下，为了便于核算，首选等额本息还款法，再选择等额本金还款法。

对于购车计划，一般不建议贷款买车。如果确实需要购车，可以考虑是从汽车金融公司贷款，还是进行商业性贷款，两者各有利弊，要根据自己的实际情况进行选择。对于还款方式，首选等额本息还款法和等额本金还款法。

对于个人消费信贷，需要了解银行的贷款对象以及需要提交的材料，对个人消费信贷的常识性的内容需要有基本的认识。

复习思考题

1. 如何制定购房目标？
2. 了解住房和购房比较有哪些优缺点？
3. 偿还住房贷款的方法有哪几种？最常用的是哪一种？

第七章　教育规划

学习目标

1. 掌握教育规划的概念及原则。
2. 了解教育规划的规划流程。
3. 熟悉教育规划的短期和长期工具。
4. 能够根据各类教育规划工具的特点进行灵活选择。
5. 根据教育规划的目标，制定教育规划的方案。

专业术语

教育贷款；教育储蓄；教育保险

案例导入

工薪家庭如何积累子女大学教育金

望子成龙、望女成凤，是每一个为人父母者的心愿。然而，对于工薪家庭来说，子女的教育金无疑是一个不小的经济负担。以上海为例，当前一个公立学校的大学生4年的学杂费及基本生活费大约需要10万元，如果就读于私立大学或出国留学，这个数字还要成倍增长。不过，只要尽早规划、理性投资，工薪家庭也可以轻松筹集子女教育金。

下面做一个简单的测算。由于通货膨胀的存在，未来就读于公立大学所需的费用将高于目前的10万元。2004年前3个月国内居民消费价格指数同比增长约3%，这也是中央银行的宏观调控目标。以此为标准，假设孩子18岁上大学，现年9岁的孩子将来上大学时所需的费用为13万元，而今年刚出生的婴儿将来的大学教育金恐怕就需要17万元。父母乍一看来，可能觉得心灰意冷——这可不是一笔小数目！但是，如果将家庭的结余合理投资，善用时间所带来的复利效果，还是可以轻松圆孩子的大学梦。

首先，子女教育准备金的投资应以稳健方式为主，但如果完全依靠定期储蓄，其利率很难对抗通货膨胀，享受不到投资的效益。工薪族在收入有限的情况下，要想维持生活质量，同时又积累下足够的子女教育金，以定期定额方式投资基金不失为一种有效的方法。所谓定期定额，是在指定的期间内，每月从投资人指定的银行账户中扣取一定金额的款项投资于某只基金。

目前国内的基金主要有股票型、平衡型和债券型三大类，它们的风险性依次减小，报酬率也依次降低。工薪族父母可根据家庭的财务状况和风险承受能力，选择适合自己的基金组合进行投资，而且，随着实际使用期的临近，为了避免前期投资收益化为乌有，应适时减少股票型基金的持有量，逐渐降低投资的风险性。

假设您的投资组合平均年报酬率为8%，以前面的通货膨胀率计算，如果从孩子刚出生甚至更早时即开始积累教育准备金，每月投资额不超过365元，若等到孩子12岁才开始筹集这笔教育金，每个月就至少需投资 1300 元。

由此可见，子女教育金的准备开始得越早，家庭财务安排可以越从容，父母也就越安心。

第一节 客户教育需求分析

根据教育对象不同，教育规划可分为个人教育规划和客户对子女教育费用进行财务规划两种。个人教育规划在消费的时间、金额等方面的不确定性较大，子女教育规划通常是个人家庭理财规划的核心。子女教育又可分为基础教育和高等教育，无论何种教育消费，都需要提前规划好。

一、教育规划的必要性分析

（一）良好的教育对于个人意义重大

随着市场对优质人力资本的需求增大，接受良好的教育成为提高自身本领和适应市场变化的重要条件，在市场经济条件下，劳动者收入与受教育程度成正比例关系。有数据显示，文化程度越高的就业者，薪资水平越高，就业收入的增长也较快，教育在一定程度上具有社会分配与社会分层的功能。很多人希望通过接受更高水平的教育来获得政治、经济、文化与社会利益，改善自己或子女现有的生活状态。较高的教育收益预期加上日渐增加的教育支出，使教育规划成为个人理财规划中的一项重要内容。

（二）教育费用逐年增长

随着人们对接受教育程度的要求越来越高，教育费用也在持续上升，这使得教育开支占家庭总收支的比重越来越大。通常用“教育负担比”来衡量教育开支对家庭生活的影响：

教育负担比＝届时子女教育金费用/家庭届时税后收入×100％

【例 7－1】 客户冯先生有一个女儿，刚刚考入国内某著名大学。女儿正式入学之前，冯先生计算了女儿读大学一年的费用，主要包括全年学费 12000 元；住宿费 3000 元；日常各项开支预计每月 1000 元，以全年 10 个月计算，共需 10000 元。预计冯先生和太太全年税后收入 80000 元，则对于冯先生家庭：

届时教育金费用＝学费＋住宿费＋日程开支

＝12000＋3000＋10000

＝25000（元）

教育负担比＝届时子女教育金费用/家庭届时税后收入×100％

＝25000/80000×100％

＝31.25％

可见，女儿就读大学所需要的费用占家庭税收收入的31.25%，对冯先生家庭来讲尽管可以承受，但显然会影响到家庭的其他财务安排。通常情况下，如果预计教育负担比高于30%，就应尽早进行准备。另外，在运用“教育负担比”这一指标时应注意，由于学费成长率可能会高于收入成长率，所以以现在水准估计的负担比可能偏低。

（三）高等教育金的特性

与其他规划相比，子女教育金是最没有时间弹性与费用弹性的理财目标，因此更要预先进行规划，才不会使父母有因财力不足阻碍子女前进的遗憾。

从弹性时间来看，一般子女到了18岁就要步入大学，届时父母就应该已经准备好至少一年的高等教育金。这一点与购房规划、退休养老规划不同，对于这两项规划，如果财务状况不允许，可以推迟理财目标的实现时间，如推迟购房时间、延后退休等，而教育规划则完全没有这样的时间弹性。

从费用弹性来看，高等教育费用相对固定，不管各家庭收入与资产状况如何，负担基本相同，不像购房规划、退休养老规划可适当降低标准。

从高等教育金的准备时间来看，子女就读大学时年龄多为18岁左右，而家长的年龄届时通常为43岁左右，距离退休还有大概15年。子女高等教育金支付期与退休金准备期高度承叠，为了平衡两种需求，提早进行教育规划十分必要。

许多父母在子女出生不久就开始规划子女成长的教育基金，但由于无法花充足的时间去了解投资产品，也无法及时掌控投资产品的变化趋势，所以规划手段单一，收益不高。因此，他们需要听取专业理财规划师的建议，通过合理的财务计划，确保将来有能力合理支付自身及其子女的教育费用，充分达到个人（家庭）的教育期望。

二、国内高等教育体系

（一）高等教育概况

我国的高等教育包括专科、本科、研究生教育三个层次。中国实施高等教育的机构为大学、学院和高等专科学校。高等学校承担教学、科研和社会服务三大任务。

中国的高等教育包括普通高等教育和成人高等教育。普通高等教育分为专科教育（学制2～3年）、本科教育（学制4年）和研究生教育（包括硕士和博士学位）三个阶段。我国现行的成人高等教育包括以下类型：①广播电视大学；②职工高等学校；③农民高等学校；④管理干部学院；⑤教育学院；⑥独立函授学院；⑦普通高校举办的电大、函大、夜大、普通专科班等。

（二）学位制度

我国的学位分为学士、硕士和博士3个级别。学科门类分为哲学、经济学、法学（包括政治学、社会学、民族学等）、教育学（包括体育学）、文学（包括语言学、图书馆学）、历史学、理学、工学、农学、医学、管理学、军事学、艺术学等13类。

高等学校本科学生完成教学计划所规定的各项要求，其课程学习和毕业论文的成绩合格，授予学士学位；高等学校和科学研究机构的硕士研究生，通过硕士学位的课程考试和论文答辩，成绩合格，授予硕士学位；高等学校和科学研究机构的博士研究生，通过博士学位的课程考试和论文答辩，成绩合格，授予博士学位。

（三）高等教育费用

1. 学费

在1996年以前，我国大学教育基本上是不收学费或象征性地收取学费；1996年开始高等教育试行并轨招生，学费达到2000元左右；1997年全面并轨后学费一直维持在3000元左右；2000年的收费在1999年的基础上提高了近15%，大学生学费超过4000元。从近年的收费情况来看，各高校学费在5000～10000元，总体呈上涨趋势。另外，我国高校学费还因学校所在地区、学位及专业不同而存在差异。

2. 生活费

在校学习期间，大学生一般住在学校，因此，地域差异对消费的影响并不很大。大学生的生活费主要包括住宿费、伙食费、通信费、日用品费、交通费及其他。从目前情况来看，我国各高校住宿费每年通常为1000～1500元；伙食费每年大约5000元；通信费800元左右；日用品花费根据地区和性别有所差异；每年往返探亲交通费因地域不同有所差异。

（四）奖学金制度及勤工俭学政策

我国各高校都制定了各自的奖学金制度，奖学金的发放办法、数额、发放对象各不相同。以湖北文理学院理工学院为例，学校设有优秀学生干部奖、三好学生奖、三好学生标兵奖、一二三等奖学金、单项奖学金等，奖金数额从几千元到几百元不等。为解决贫困大学生接受高等教育问题，各高校还采取了特殊的帮扶政策，如专项奖学金、国家助学贷款、勤工助学、困难补助和减免学费等五种，有关内容将在本章第二节详细介绍。

三、理财规划师工作要求

（一）工作准备

在正式进行理财规划以前，对客户财务信息及其相关信息进行收集整理十分必要。理财规划具有个性化和综合化的特征，教育规划也是如此，通过对这些信息的收集、分析，理财规划师才能了解客户的财务状况和风险承受能力，从而帮助客户从自身情况出发设定合理的教育规划目标。

（二）工作程序

教育规划方案的最终确定是在理财规划师对客户家庭财产状况、收入能力、承受风险能力以及子女教育目标都已明确的前提下进行的，在进行规划时通常需要完成以下步骤。

第一步：了解客户家庭成员结构及财务状况。

在教育规划中，理财规划师在为客户提供理财规划服务之前，首先要对客户家庭的成员结构和收支水平进行全面的了解。收集完信息后，理财规划师通过编制客户的家庭财务表将个人（家庭）信息整理归类到资产负债表、现金流量表当中去，并通过对两张表进行分析及对客户的询问，判断客户对待风险的态度及其风险承受能力，这是理财规划师针对不同客户制定理财规划方案的基础。

第二步：确定客户对子女的教育目标。

理财规划师首先应对客户教育需求进行分析，然后利用理财工具试算，依实际需求，试算出子女未来的教育经费预估金额，并针对目标金额挑选适宜的理财工具进行规划。在做客户教育需求分析时，理财规划师应明确客户希望子女上什么类型的大学，客户子女目前的年龄是多少。我国不同类型的大学收费不同，不同国家大学的收费更是存在巨大差异，同一国家同一所大学收费也可能因所学专业而导致学费各异。除考虑学费情况外，理财规划师还有必要请客户综合考虑各类学校、各国学校的特点，如学校地理位置、师资力量、学费高低以及子女的兴趣爱好、学习能力等。

第三步：估算教育费用。

确定大学教育费用时，理财规划师首先要充分考虑客户的家庭情况，确立教育消费计划时间和大学类型。如果客户经济实力较强，还要估算将来子女出国接受教育所需的费用。

在估算教育费用时，理财规划师一般要遵循以下步骤：

① 设定一个通货膨胀率；

② 按预计通货膨胀率计算所需要的最终费用；

③ 分别计算如果采用一次性投资计划所需的金额现值和如果采用分期投资计划每月所需支付的年金。

第二节　制定客户教育规划方案

一、教育资金的主要来源

教育支出最主要的资金来源是客户自身的收入和资产。稳定的收入和充足的资产是教育支出坚实的资金保证。除客户自身收入和资产外，理财规划师还应了解和利用其他学费来源，帮助客户节约成本。具体来说，其他教育资金来源主要有以下几种：

（一）政府教育资助

1. 特殊困难补助及减免学费政策

特殊困难补助和减免学费政策是高校资助政策的辅助性措施。这两个政策共同的特点就是无偿性资助。特殊困难补助，是各级政府和高校对经济困难学生遇到一些特殊性、突发性困难给予的临时性、一次性的无偿补助。减免学费政策是国家对部分确因经济条件所限，缴纳学费有困难的学生，特别是对孤残学生、少数民族学生、烈士子女及优抚家庭子女等实行减免学费政策。

2. “绿色通道”政策

“绿色通道”是指让经济困难、无法交学费的新生在不交学费的情况下顺利办理全部入学手续。据统计，2011 年秋季学期，全国通过“绿色通道”办理入学手续的新生为 70.28 万人，占家庭经济困难新生的 41.1%，占报到新生总数的 10.8%。

理财规划师必须充分了解有关信息，包括资助条件、资助种类、资助期限等。由于政府拨款有限，即使是符合条件的申请人，也不一定能够获得资助。因此，理财规划师在为客户提供子女教育规划时应注意以下几点：①理财规划师应充分收集客户及其子女争取政府教育资助的相关信息；②由于政府拨款有限，拨款数量具有很大的不确定性，子女教育规划方案应减少对这种筹资渠道的依赖，特别是在客户子女距离上大学时间长于 5 年，而客户本身有稳定收入时，规划方案应首先考虑以客户自有资源满足子女大学教育费用。

（二）奖学金

根据我国现行的奖学金制度，目前国家设立的奖学金包括以下类型：

① 本、专科生奖学金分为三种：优秀学生奖学金、专业奖学金和定向奖学金。

② 研究生奖学金分为两种：研究生优秀奖学金、研究生普通奖学金。

③ 国家奖学金。

（三）工读收入

高等学校组织学生参加勤工助学活动，是高等学校收费制度改革的一项重要配套措施。这项活动的目的不仅在于能够促进学生德、智、体、美全面发展，而且可以使学生通过参加劳动取得相应报酬，强化了付出就有收获的概念，有利于大学生及早树立理财观念。但目前各高校勤工助学岗位普遍缺乏。

客户子女上学期间通过假期和课余打工获得的工读收入也可作为教育费用来源。但工读收入取得的时间、金额都不容易确定，所以在做教育规划时不应将工读收入计算在内。

（四）教育贷款

1. 国家教育助学贷款

国家助学贷款是党中央、国务院在社会主义市场经济条件下，利用金融手段完善我国普通高校资助政策体系，加大对普通高校贫困家庭学生资助力度所采取的一项重大措施。国家助学贷款包括商业性银行助学贷款和财政贴息的国家助学贷款两种。

国家助学贷款是由政府主导、财政贴息，银行、教育行政部门与高校共同操作的专门帮助高校贫困家庭学生的银行贷款。贷款学生不需要办理贷款担保或抵押，但需要承诺按期还款，并承担相关法律责任。

生源地信用助学贷款是指国家开发银行向符合条件的家庭经济困难的普通高校新生和在校生发放的、在学生入学前户籍所在县（市、区）办理的助学贷款。贷款资金主要用于学生缴纳在校期间的学费和住宿费。生源地信用助学贷款是国家助学贷款的重要组成部分。（见表 7－1）

表 7－1 国家助学贷款和生源地助学贷款的比较

类别对比	生源地信用助学贷款	国家助学贷款
申请对象	已经开通生源地助学贷款省市的家庭经济困难学生	国内全日制普通本、专科生（含高职生）、研究生和第二学士学位学生
贷款额度	贷款额度每人每学年不超过 8000 元，为 1000 到 8000 之间的整数，原则上用于学生在校期间的学费和住宿费	按照每人每学年最高不超过 8000 元的标准，具体额度由借款人所在学校按本校的总贷款额度，学费、住宿费和生活费标准以及学生的困难程度确定
贷款期限	按全日制本专科学制年限（在校生按学制剩余年限）最长加 10 年确定，借款期限最长不超过 14 年	贷款期限最长不得超过 10 年
贷款利率	利率执行贷款发放时中国人民银行公布的人民币贷款基准利率，在校期间，利息由财政全额贴息。学生毕业后贷款利息由借款人自行承担	执行中国人民银行规定的同期限贷款基准利率，不上浮

（续表）

类别对比	生源地信用助学贷款	国家助学贷款
担保方式	学生及其家长之一组成生源地贷款共同借款人。担保人或有效资产抵押、信用户评定等证明	信用的方式
申请材料	贫困证明、录取通知书、学校交费通知单、交费卡以及申请人身份证、户口簿、结婚证。还要提供担保人或有效资产抵押、信用户评定等证明	申请贷款时需准备贫困证明、两个高校见证老师的身份证复印件、学生身份证复印件（老生还需要提供学生证复印件）

2. 学生贷款

学生贷款是指学生所在学校为那些无力解决在校学习期间生活费的全日制本、专科在校学生提供的无息贷款。实行专业奖学金办法的高等院校或专业，不实行学生贷款制度。学生贷款审定机构应有学生管理部门、财务部门、教师和学生等方面代表组成。目前，在各高校的实际运作中，学生贷款的具体审定工作通常由学校学生处牵头负责。如果贷款的学生违约不能如期归还所借贷款，其担保人要承担全部还款责任，并缴纳一定数额的违约金。

目前各高校学生贷款实际额度一般每年在1000元以上。其偿还的形式主要有以下几种：①学生毕业前，一次或分次还清；②学生毕业后，由其所在的工作单位将全部贷款一次垫还给发放贷款的部门；③毕业生见习期满后，在2～5年内由所在单位从其工资中逐月扣还；④毕业生工作的所在单位，可视其工作表现，决定减免垫还的贷款；⑤对于贷款的学生，因触犯国家法律、校纪，而被学校开除学籍、勒令退学或学生自动退学的，应由学生家长负责归还全部贷款。

3. 商业性助学贷款

一般性商业助学贷款是指各金融机构以信贷原则为指导，对高校学生、学生家长或其监护人办理的，以支持学生完成学习为目的的一种商业性贷款形式。这种助学贷款近年来也得到快速发展，是对国家资助政策的有益补充。申请商业性助学贷款的条件：必须符合条件的信用担保，贷款人为当地居民。

（五）留学贷款

留学贷款是指银行向出国留学人员或其直系亲属或其配偶发放的，用于支付其在境外读书所需学杂费和生活费的外汇消费贷款。

借款人须具备下列条件：

① 借款人应具有完全民事行为能力，在贷款到期日时的实际年龄不得超过55周岁。

② 借款人无违法乱纪行为，身体健康，具备诚实守信的品德。

③ 借款人为出国留学人员本人的，在出国留学前应具有贷款人所在地的常住户口或其他有效居住身份。

④ 借款人为出国留学人员的直系亲属或配偶的，应具有贷款人可控制区域内的常住户口或其他有效居住身份，有固定的住所，有稳定的职业和收入来源，具备按期还本付息

的能力。

⑤ 借款人应持有拟留学人员的留学学校出具的入学通知书或其他有效入学证明。

⑥ 借款人须提供贷款人认可的财产抵押、质押或第三方保证。抵押财产仅限于可设定抵押权利的房产；质押品仅限于国债、本行存单、企业债券等有价证券；保证人应为具有代偿能力的法人或自然人，并愿意承担连带还款责任。

⑦ 贷款人规定的其他条件。

留学贷款的额度不超过国外留学学校录取通知书或其他有效入学证明上载明的报名费、一年内的学费、生活费及其他必需费用的等值人民币总和，最高不超过 50 万元人民币。同时，须满足下列条件：

① 以可设定抵押权利的房产作为抵押的，贷款最高额不超过经贷款人认可的抵押物价值的 60%。

② 以国债、本行存单做质押的，贷款最高额不超过质押物价值的 80%；以企业债券作质押的，贷款额根据债券发行人的资信而定，最高额不超过质押物票面价值的 60%。

③ 以第三方提供连带责任保证，若保证人为经银行认可的法人，则贷款可全额发放；若为经银行认可的自然人，则贷款最高额不超过 20 万元人民币。

留学贷款的期限根据留学期限、借款人收入状况和保证人及担保物的担保能力而确定，最长不超过 6 年（含 6 年）。

二、子女教育规划的原则

（一）目标合理

父母的期望与子女的兴趣能力可能会有差距，而且子女在人生的不同阶段，其兴趣爱好也在发生变化。因此，理财规划师帮助客户为其子女设定最终教育目标时，应充分考虑孩子自身的特点，并结合客户家庭实际经济情况、风险承担能力设定理财目标。

（二）提前规划

子女教育基金的设立与制定并非仅学费那么简单，这笔开销还包括子女的饮食、交通、衣着、托育、教育费、娱乐费和医疗费用等，若考虑未来不确定的通货膨胀因素，子女教育费用将成为家庭仅次于购房的一项重要支出，所以，理财规划师应使客户认识到子女教育规划的重要性，尽早规划子女的教育基金。从量上看，在制定规划时要相对宽松些，以防有超出规划的需要。

（三）定期定额

通常情况下，人们不易坚持按月存款。因而利用定期定额计划，用实际数字来量化理财目标，对定期储蓄自制力差的人采取强制储蓄措施，通常可以奏效。每月存一部分，虽然单次储蓄额不多，但坚持习惯性储蓄计划才能为子女教育基金打下坚实的基础。目前有很多投资工具可以用来强制储蓄，比如教育储蓄、教育保险等。

（四）稳健投资

教育金并非越多越好，理财规划师切不可因筹资的压力而选择高风险的投资工具，因为本金遭受损失对未来子女教育的不利影响会更大。根据收益与风险配比的原则，任何可能获得高收益的投资都将伴随着高风险，所以，投资还是要坚持稳健性原则。

三、教育规划工具

客户子女从出生到接受高等教育，教育消费时间跨度长、涉及数额大，这就给子女教育规划留下了很大的空间。在了解客户对其子女的教育需求、估算教育费用以后，理财规划师要做的是分析怎样才能更好地为客户理财，以帮助实现他们的教育目标。因此，教育费用筹集投资工具的选择成为教育规划的一项重要内容。

（一）短期教育规划工具

短期教育规划工具主要包括学校贷款、政府贷款、资助性机构贷款和银行贷款，这部分内容在前面知识要求部分已介绍。

（二）长期教育规划工具

1. 传统教育规划工具

（1）教育储蓄

教育储蓄是指个人为其子女接受非义务教育（指九年义务教育之外的全日制高中、大中专和大学本科、硕士和博士研究生）积蓄资金，每月固定存额，到期支取本息的一种定期储蓄。三个学习阶段可分别享受一次2万元教育储蓄的免税优惠。最低起存金额为50元，本金合计最高限额为2万元。存期分为1年、3年、6年。1年期、3年期教育储蓄按开户日同期同档次整存整取定期储蓄存款利率计息；6年期按开户日5年期整存整取定期储蓄存款利率计息。一般利率：1年期为3.25%，3年期为5.0%，6年期为5.5%。

相对其他储蓄存款而言，教育储蓄有三方面好处：一是家庭可以为其子女（或被监护人）接受非义务教育（指九年义务教育之外的全日制高中、大中专、大学本科、硕士和博士研究生）在储蓄机构通过零存整取方式积蓄资金；二是符合规定的教育储蓄专户，可以享受整存整取利率的优惠；三是教育储蓄存款的利息免征个人所得税。

按照有关规定，开立教育储蓄的对象必须是中国大陆在校小学4年级（含4年级）以上学生；享受免征利息税优惠政策的对象必须是正在接受非义务教育的在校学生，其在就读全日制高中、大中专和大学本科、硕士和博士研究生的阶段中，每个学习阶段可分别享受一次2万元教育储蓄的免税和利率优惠。也就是说，一个人至多可以享受三次优惠。

（2）教育保险

教育保险相当于将短时间急需的大笔资金分散开逐年储蓄，投保年限通常最高为18年，所以越早投保，家庭的缴费压力越小，领取的教育金越多。反之，越晚购买，由于投资年限短，保费就越高。

2. 其他教育规划工具

（1）政府债券

政府债券有两类：一类是由中央政府发行的，称为“国家债券”，它占政府债券中的绝大部分；另一类是由地方政府各职能部门发行的债券，称为“地方债券”。

（2）股票与公司债券

与政府债券、大额存单、基金等相比，股票和公司债券的收益和风险都明显高于上述三个品种。但是基于稳健性原则，理财规划师在制定教育规划时并不鼓励客户投资于风险过高的品种。股票和公司债券更多地依赖所投资企业经营业绩的好坏，股票不但受上市公司经营业绩影响，还受到股市大环境的影响。此外，股票和公司债券受宏观经济的影响较大，如财政政策和货币政策等，一旦赶上提高利率，债券价格将会受到非常大的冲击，股市也会受到很大影响。

（3）大额存单

大额存单一般又称为大额可转让存单，是银行或银团发行的一种固定面额、固定期限，可以在金融市场上转让流通的银行定期存款凭证。大额可转让存单的固定面额，是指存单的面额有法律的限定，不得任意变更；固定期限是指大额存单有法定的期限档次，它不得提前支取，不分段计息，而且到期后一次还本付息，不计逾期利息，期限为 1 个月、3 个月、6 个月、9 个月和 12 个月。

（4）子女教育信托

信托委托人（如家长）基于财产规划的目的，将其财产所有权委托给受托人（如信托机构），使受托人按照信托协议的约定为受益人（如客户子女）的利益或特定目的，管理或处分信托财产的行为。子女教育信托就是由父母委托一家专业信托机构帮忙管理自己的一笔财产，并通过合同约定这笔财产用于支付子女未来的教育和生活费用。

（5）共同基金

共同基金是指通过公开发行基金单位的方式，集中投资者的资金，由基金托管人托管，由基金管理人管理和运用资金，从事股票、债券等金融工具投资。根据投资对象不同，共同基金分成不同类型，每种类型的收益和风险特征都不一样，因此，在进行基金投资时，应根据自己的情况，确定投资哪种类型的基金。

四、选择教育规划工具时应注意的问题

在选择教育规划工具时应全面权衡，不能仅从收益方面考虑，更重要的是安全性，同时还要考虑风险性。

（一）安全性

选择教育规划工具首先应考虑安全性，不能投资风险过高的理财产品，如股票、期货等高风险投资产品。如果为了获得较高的收益而投资高风险产品，有可能使教育基金遭受极大损失，从而耽误子女的教育。

（二）收益性

教育投资是一项长期投资，在时间允许的前提下，可做一些期限较长的投资，如投资于长期国债，通过复利计息，可以获得可观的稳定收益。

（三）风险性

在进行长期投资时，存款利率有可能上调，若在利率较低时买入教育保险或做长期银行存款，就会出现不可避免的利息损失。所以在教育规划的工具选择上，不要将全部的教育基金投入期间内利率不变的产品上，可以扩大投资范围，如投资于货币基金、债券基金、国债等。

如果父母有意让子女去国外留学，还要考虑汇率问题。若本币贬值，留学成本就会增加，汇率波动因素不容忽视。

本章小结

教育规划是指为实现预期教育目标积累所需的费用，选择适当的教育费用准备方式及工具，制定理财方案并根据因素变化调整方案等一系列资金管理活动。教育规划的主要原则是目标合理、提前规划、定期定额、稳健投资。

教育规划工具可分为短期教育规划工具和长期教育规划工具。短期教育规划工具主要包括国家助学贷款、学生贷款、一般商业性助学贷款三类。长期教育规划工具主要包括教育储蓄、教育保险、政府债券、银行教育理财产品、子女教育信托等。选择教育规划工具时还应注意工具的安全性、收益性和风险性。

在制定教育规划方案时应遵循的顺序：了解家庭成员结构或财务状况；确定子女教育目标；估算教育费用。

复习思考题

1. 什么是教育规划？教育规划的原则主要有哪些？
2. 你认为教育规划在人生的哪个阶段是最重要的？
3. 教育规划工具有哪些？
4. 子女教育规划方案的制定有哪些步骤？

第八章　保险规划

学习目标

1. 掌握保险的分类和职能，掌握保险规划的流程。
2. 熟悉风险管理的流程和主要商业保险产品的特点。
3. 能够根据各类商业保险产品的特点进行灵活选择。
4. 根据客户的风险状况，制定保险规划方案。

专业术语

保险；保险人；投保人；被保险人；人身保险；财产保险；责任保险；信用保险

案例导入

五个不同人生阶段的保险规划

人生每个阶段面临着不同的风险。我们将人生分为成年之前、单身贵族、二人世界、为人父母和退休养老几大阶段，每个阶段的保险规划也都有所不同。不过保险专家提醒，保费开支不能过大，科学合理的保费支出比例是家庭保费支出占家庭总收入的10%～15%，被保险人的顺序以家庭经济支柱为首。

成年之前　参考年龄：0～18周岁

这是由父母替子女买保险的阶段。一般来说保险是越早买保费也越低，对于父母越合适，子女也越早获得了保障。

但是，如果您现在才开始考虑为子女买保险，对于不同年龄阶段的子女，其投保的重点和投保的多少也就有所不同。

某寿险福建分公司营销主任沈女士还表示，这个阶段一般不建议家长替子女买终身险，买终身险的事应该是子女成人后自己去考虑的。

在0～8岁这个幼儿时期，学龄前儿童抵抗能力差，容易得一些流行性疾病，所以建议要多买住院医疗补偿型的险种，同时有能力的父母可以考虑早为子女教育金做打算。此外，有条件的也可做些投资理财保险。

而到了8～18岁少年时期，比较适合选择时间间隔短的分红产品，也可以一定程度上替代教育金给付。当然，还可以考虑缴费和支取都非常灵活的万能寿险。这个险种不仅有保障性，还有很高的投资性，大人孩子都可以受益。同时，这个年纪的意外险、医疗险也是不可或缺的。

单身贵族　参考年龄：22～30周岁

这段时期的年轻人收入较低且不稳定，但花销较大。不过“年纪越轻，保费越便宜”，这是购买寿险产品的最基本观念。

加上年轻人喜欢户外运动、旅游、追求刺激，因此风险主要来自意外伤害，所以意外险是必不可少的。可以选择定期寿险附加意外伤害保险和意外伤害医疗保险的组合。

万一发生意外，可以得到充分的赔偿用于治疗和渡过受伤后的难关，万一身故，也可为父母提供抚恤金用于晚年的生活。

此外，这个阶段相对来说家庭压力小，收入相对低，保险的需求应以自身保障为主，比如定期寿险。由于收入低，应选择保费低、保额高的消费型保险。

虽然年轻人身体健康，发生疾病的概率相对较小，但如果资金预算充裕，也别忘购买重大疾病保险，万一得了重大疾病，可分担一部分庞大的医疗费用。

二人世界　参考年龄：28～35 周岁

主打险种为高额寿险、重大疾病保险。结婚后，由于家庭负担变重，购买保险时应考虑到整个家庭的风险。

夫妻双方可选择保障性高的终身寿险，附加上定期寿险、意外险、重大疾病险和医疗保险。另外，可以购买适量的两全保险储备将来孩子的教育经费以及自己年老以后的养老金。

一般来讲，夫妻双方的保险总额应达到家庭年收入的 5～8 倍，保费支出应控制在家庭年收入的 10%以内，因此调整好储蓄型和保障型险种的比例比较重要。

如果预算有限，这一时期保险规划的设计原则应是以为家庭收入贡献较大者为主。

这一阶段可适当选择适合长期投资、保费和保险金额灵活可变的万能寿险。

为人父母　参考年龄：35～45 周岁

这是人生最辛苦的“上有老，下有小”的“夹心”时代，要考虑面面俱到，所以家庭投保的方式要以家庭保险套餐的形式。

针对这段时间的三口之家、四口之家的特点，目前部分寿险公司推出适合全家投保的家庭保障计划。只要一人投保了储蓄性质较重的主险，其他家庭成员即可投保保障性较强的附加险，获得高额的保障，从而可以有效解决保费预算不足的问题。保险金额和保费的比例要优先为家庭经济支柱做好保险保障。

另外，这段时期家庭设施也越来越齐全，不妨每年投保一份家财险，以减少发生意外事故或失窃以后给家庭财产带来的损失。

退休养老　参考年龄：45～60 周岁

主打险种为养老保险、避税。

随着现代人平均寿命的延长，退休后的生活保障在迈向人口老龄化的今天显得十分重要。如何提前为自己安排好老年生活是关系未来生活保障的一件大事，也能在一定程度上减轻子女的经济负担。

在这一年龄阶段，原先压在身上的抚养子女、赡养老人的担子逐渐移除，而收入水平也逐渐发展到最高点，但距离退休的日子也越来越近了，为自己做好养老规划是必须的。因此，在前几个年龄阶段延续下来的人身、意外、医疗保障都比较充分的情况下，如果仍要购买保险，应当逐渐过渡到以稳健的理财型产品为主。

在做保险金额的规划时，最好将日后的交际费用与疾病医疗费用都列入计算范围。45 岁后购买养老保险，有强迫储蓄的功能，为了维持契约的持续有效，会督促自己按时缴纳保费。

而老年规划的另一个重点是税赋问题，按国际惯例，保险金一般是不作为遗产继承的，将不计入遗产总额扣税，所以成功的保险单也是留给子女最好的财富。

十天犹豫期不要了可以退

据记者了解，为了避免消费者买到不符合自身需求的保险，影响消费者的利益，保险合同中规定了一个犹豫期，又名冷静期，是指在投保人、被保险人签收保险单后10日内感到后悔，或是对所购买的保险不甚满意，可以无条件要求退保（“立即投资”型投连险产品除外）。

王阿姨今年快50岁了，1月份在某保险公司购买了一份保额为30万的大病险，一周后却在自家的箱底里找到了多年前在另外一家保险公司投保的一份20万保额的大病险保单，因为每次都是女儿去保险公司交钱，所以健忘的王阿姨又给自己买了一份保险。经过咨询两款大病险的保单设置基本相同，有一部分保障属于重复投保，好在保险仍处在犹豫期内，于是她到保险公司申请了退保。

据记者了解，中国保监会规定，在犹豫期内退保，保险公司除扣除不超过10元的成本费外，要退还投保人缴纳的所有保费，并不得收取其他任何费用，如果在投保时，被保险人已经在保险公司进行了免费的体检，再相应扣除相应的体检费即可。

个别保险代理人出于增加保费的目的，并没有明确告知投保人在投保后还有“犹豫期”。在这种情况下，投保人一定要认真阅读投保提示，问清犹豫期的具体规定。

需要提醒消费者的是，财产保险与人寿保险不同，车险、家财保险没有犹豫期，消费者在缴纳保费后，于次日零点开始保单生效，一旦消费者对投保有改动想要退保，则必须按照相应的情况领取保单生效后的现金价值。意外险也没有投保犹豫期。

而对于犹豫期内的理赔问题，如何处理呢？据了解，若在犹豫期内发生保险事故，合同有效，保险公司仍然必须按约赔付。

第一节　收集客户信息

理财规划师面对的需要制定风险管理与保险规划的客户，大多是小型商业保险购买者（以个人保险购买行为为主）。与大型商业保险购买者相比，他们的需求相对来说简单一些。这些客户通常具有以下特征：

一、对保险产品的保障性需求大于投资性需求

如果客户仅仅是为了获得较高的回报率，他们完全可以采用投资于基金、债券或期货的方式，不必要求购买保险；客户购买保险的主要目的，是针对自身可能面临的风险进行风险转移。因此，理财规划师在制定保险规划时，一定要更多地注重保险产品的保障性，在比较各种保险产品时应把保险产品的保障性作为重要的考虑因素。

二、对保险条款不太了解，或者不熟悉

目前，我国保险知识的普及是不充分的，截至2011年底，我国保险业从业人员已达

到300万人，但是我国民众的保险意识还是很薄弱，大多数商业保险购买者尤其是个人保险购买者对保险合同的条款并不熟悉。在无充分保险的情况下，一旦家庭主要经济支柱发生风险事故，将给客户的家庭和个人带来极为重大的经济损失。

三、大多数客户的家庭经济状况较为良好

这使得他们把保险视为一种生活必备品，有较为迫切的购买保险产品的需求。

理财规划师要为客户量身订制一套适合其需求的保险规划建议，首先要做的就是充分与客户交流，了解和掌握相关的财务资料。需掌握的客户财务资料通常包括客户个人的资产、负债净值以及有关个人的收入与支出情况的数据。在这一过程中，理财规划师可能会接触到客户大量的财务机密，理财规划师对此负有严格的保密义务。但在我国，由于受到传统文化的影响，客户也许不愿意把自己最真实的财务状况详细地告诉理财规划师，这就要求理财规划师进行深入而细致的工作，要愿意花费时间成本培养客户，取得他们的信任，并逐渐形成自己的客户关系网。一般来说，在理财规划服务协议中应该包含相应的保密条款，具体规定理财规划师在执业过程中应负的保密义务；同时在日常具体业务活动中，应把握好每一环节的授权管理及相应的保密措施，真正做到将保守客户的财务机密落实到每一步工作中。

在收集完制定保险规划所必需的信息后，理财规划师应该将这些信息汇总，并编制成相应的表格，以便于查阅。

第二节　提供咨询服务

一、保险与风险管理

（一）保险概述

1. 保险的概念

保险是集合具有同类风险的众多单位或个人，以合理计算分担金的形式，实现对少数成员因约定风险事故所致经济损失或由此而引起的经济需求进行补偿或给付的行为。保险的前提要素是存在风险，只有存在风险，人们才会有保险需求，无风险则无保险。保险的基础要素是众力协力，即“我为人人，人人为我”，通过集合风险来分散损失。保险的功能要素是损失赔偿，这是保险最直接的功能。

从经济角度看，保险是分摊意外事故损失的一种财务安排；从法律角度看，保险是一种合同行为，是一方同意补偿另一方损失的一种合同安排；从社会角度看，保险是社会经济保障制度的重要组成部分，是社会生产和社会生活“精巧的稳定器”；从风险管理角度看，保险是风险管理的一种方法。

2. 保险的分类

（1）按保险性质划分

① 商业保险，指投保人根据合同约定，向保险人（保险公司）支付保险费，保险人对于合同约定的可能发生给付的行为、具体疾病，或者达到合同约定的年龄、期限时承担

给付保险金责任的行为。

② 社会保险，只由政府提供，通过强制人们将其收入的一部分以社会保险税或费的形式上缴形成社会保险基金，对满足一定条件，如丧失劳动能力、暂时失去劳动岗位或因健康原因造成损失的被保险人提供收入或补偿的一种社会和经济制度。它是一种再分配制度，它的目标是保证物质及劳动力的再生产和社会的稳定，具有强制性、保费低和覆盖范围广的特点，主要有养老保险、失业保险和医疗保险。

③ 政策保险，政府为实现一定的政策目标，以保险形式提供的一种保障，包括社会政策保险（交通强制险、地震险等）和经济政策保险（出口信用保险、存款保险、种植业保险等）两大类。由于社会保险和政策保险具有强制性，因此保险规划主要针对商业保险。

资料卡：

可保风险

可保风险是保险人可以接受承保的风险。尽管保险是人们处理风险的一种方式，它能为人们在遭受损失时提供经济补偿，但并不是所有破坏物质财富或威胁人身安全的风险，保险人都承保。

概括地说，可保风险必须具备以下条件：

1. 风险所产生的损失必须是可以用货币来计量的

凡是不能用货币计量其损失的风险是不可保的风险。但对人的保险来说，我们很难说清一个人的伤残程度或死亡所蒙受的损失合多少金钱，所以死亡给付的标准在出立保单时就确定了。

2. 风险必须是偶然的

保险人承保的风险必须是有发生可能性的，同时又必须是偶然的和不可预知的。像自然损耗、折旧等必然发生的现象，保险人一般不承保。如果风险肯定不会发生，保险也就没有必要。所谓偶然和不可预知，是指对每一个具体的保险标的来说，事先无法知道它是否会发生损失以及损失的大小。对于保险人，他可以通过历史资料的分析、大量统计材料的归纳和精确的推算，找到某一风险发生的规律性，就不属于偶然和不可预知的了。

3. 风险必须是意外的

意外风险有主客观两层意思。就主观来讲，是指不是由被保险人故意行为所引起的，即对于被保险人的故意行为或不采取合理预防措施所造成的损失，保险人不予赔偿；就客观来说，是指不是必然的，上面谈到的自然损耗、折旧等就是必然的。非意外风险或属于不可保之列，或属于不赔偿范围。

4. 风险必须是大量标的均有遭受损失的可能性

这是由于保险不是赌博，也不是投机，它是以大数定律作为保险人建立稳固的保险基金的数理基础，只有一个标的或少量标的所具有的风险，是不具备这种基础的。此外，还有一个明显的道理，保险人收取保险费，一定要与他承担的赔偿责任相适应。保险费过高，被保险人承担不起；保险费过低，保险人无法经营。如卫星发射保险，发射人造卫星是一个巨大的复杂的工程，投资多，知识密集，风险大。当人类最初发射人造卫星时，保险人因对其风险认识不清不予保险。承保无疑是赌博，是冒险，而保险不是冒险。如今，世界各国共发射了3000多个不同类型的航天器，每年大约发射100多个。在这种情况，由于保险标的数量已经足够大，通过大数定律可以计算风险概率和损失程度，可以确定保险费率，因而发射人造卫星的保险也风行全球。

5. 风险应有发生重大损失的可能

风险的发生有导致重大的或比较大的损失的可能性，才会有保险的必要。如果可能的损失程度是轻微的，就不需通过保险来获取经济保障。因为这样在经济上是不合算的，同时也与保险的本质相悖。

以上五个可保风险条件是相互联系、相互制约的，确认可保风险时，必须五个条件综合考虑，全面评估，以免发生承保失误。

(2) 按保险标的划分

① 财产保险，以物质财富及其有关的利益为保险标的的险种。主要有海上保险、货物运输保险、工程保险、航空保险、火灾保险、汽车保险、家庭财产保险、盗窃保险、营业中断保险（又称利润损失保险）、农业保险等。

② 人身保险，以人的身体为保险标的的险种。主要有人身意外伤害保险、疾病保险（又称健康保险）、人寿保险（分为死亡保险、生存保险和两全保险）等。

③ 责任保险，以被保险人的民事损害赔偿责任为保险标的的险种。凡根据法律被保险人应对其他人的损害所负经济赔偿责任，均由保险人承担，一般附加在损害赔偿保险中，如船舶保险的碰撞责任、汽车保险、飞机保险、工程保险、海洋石油开发保险等均已扩展了第三者责任险。主要有：a. 公众责任保险，承保被保险人对他人造成人身伤害或财产损失应负的法律赔偿责任；b. 雇主责任保险，又称劳工险，承保雇主根据法律或雇佣合同对受雇人员的人身伤亡应负的经济赔偿责任；c. 产品责任保险，承保被保险人因制造或销售的产品质量缺陷导致消费者或使用者遭受人身伤亡或其他损失所引起的赔偿责任；d. 职业责任保险，承保医生、律师、会计师、工程师等自由职业者因工作中的过失造成他人的人身伤亡或其他损失所引起的赔偿责任；e. 保赔保险，全称保障与赔偿保险，承保船主在经营中按照法律或合同规定对他人应负的损害赔偿责任。

④ 信用保证保险，以第三者对被保险人履约责任为标的的险种。主要有：a. 忠诚保证保险，承保雇主因雇员的不法行为所致损失；b. 履约保险，承保合同当事人中一方违约所负的经济责任。

资料卡：

保险术语

保险合同，是投保人与保险人约定保险权利义务关系的协议。

投保人，是指与保险人订立保险合同，并按照保险合同负有支付保险费义务的人。投保人可以是自然人也可以是法人，但必须具有民事行为能力。

保险人，又称“承保人”，是指与投保人订立保险合同，并承担赔偿或者给付保险金责任的保险公司。在中国存在股份有限公司和国有独资公司两种形式。保险人是法人，公民个人不能作为保险人。

被保险人，是指根据保险合同，其财产利益或人身受保险合同保障，在保险事故发生后，享有保险金请求权的人。投保人往往同时就是被保险人。

受益人，是指人身保险合同中由被保险人或者投保人指定的享有保险金请求权的人，投保人、被保险人可以为受益人。如果投保人或被保险人未指定受益人，则他的法定继承人即为受益人。

保单所有人，拥有保险利益所有权的人，很多时候是投保人、受益人，也可以是保单受让人。

保险利益是指投保人或者被保险人对保险标的具有的法律上承认的利益。

保险事故是指保险合同约定的保险金责任的最高限额。

保险费是指投保人根据保险合同的有关规定，为被保险人或者受益人取得因约定保险事故发生所造成的经济损失赔偿而预先支付的费用。

（3）按风险转移层次划分

① 原保险，指投保人和保险人直接签订保险合同，投保人将风险损失转移给保险人的保险。

② 共同保险指两种情况：一是投保人或两个以上保险人之间就同一可保利益、同一保险标的、同一风险在相同期限内签订保险合同，保险金额不超过保险标的的价值，承担赔偿责任时，各保险人根据承保金额比例分摊；二是针对投保人的投保金额低于标的物价值，为防止投保人的道德风险，由保险人和投保人共同分摊保险责任。

③ 重复保险，是投保人对同一保险标的、可保利益、保险事故在相同保险期限内分别向两个以上保险人签订保险合同。重复保险和共同保险类似，只不过保险金额的总和超过保险标的价值，一般出现在财产险中。

④ 再保险，是保险人将其承保业务的一部分或全部分给其他保险人承担。

（4）按保险实施方式划分

① 自愿保险，是保险双方当事人自愿签订保险合同，一般商业保险都属自愿保险。

② 强制保险，一般是法定保险，保险双方当事人以国家法律或政策建立保险关系，如交通强制险。

3. 保险的职能

保险职能是指保险的内在固有的功能，它是由保险的本质和内容决定的。保险的职能有基本职能与派生职能之分。

保险的基本职能就是保险的原始职能与固有职能，它不因时间的推移和社会形态的不同而改变。保险的基本职能包括以下两个：

（1）补偿损失职能

保险是在特定风险损害发生时，在保险的有效期和保险合同约定的责任范围以及保险金额内，按其实际损失数额给予赔付。这种赔付原则使得已经存在的社会财富因灾害事故所致的实际损失在价值下得到补偿，在使用价值上得以恢复，从而使社会再生产过程得以连续进行。保险的补偿职能，只是对社会已有的财富进行再分配，而不能增加社会财富。因为从社会角度而言，个别遭受风险损害的被保险人所得，正是没有遭受损害的多数被保险人所失，它是由全体投保人给予的补偿。这种补偿既包括财产损失的补偿，又包括了责任损害的赔偿。

(2) 经济给付职能

财产保险与人身保险是两种性质完全不同的保险。由于人的价值是很难用货币来计价的，所以，人身保险是经过保险人和投保人双方约定进行给付的保险。因此，人身保险的职能不是损失补偿，而是经济给付。

随着保险内容的丰富和保险种类的增多，保险的职能也有新的发展，在保险基本职能下产生出派生职能。保险的派生职能主要有以下两项：

(1) 防灾防损职能

防灾防损是风险管理的重要内容，由于保险的经营对象就是风险，因此，保险本身也是风险管理的一项重要措施。保险企业为了稳定经营，要对风险进行分析、预测和评估，看哪些风险可作为承保风险，哪些风险可以进行时空上的分散等。而人为的因素与风险转化为实现损失的发生概率具有相关性，因此，通过人为的事前预防，可以减少损失。由此，保险又派生了防灾防损的职能。而且，防灾防损作为保险业务操作的环节之一，始终贯穿在整个保险工作之中。

① 保险的经营从承保到理赔，要对风险进行识别、衡量和分析，因此，保险公司积累了大量的损失统计资料，其丰富的专业知识有利于开展防灾防损工作，进而履行其防灾防损的社会职责。

② 从保险自身的经营稳定和收益角度来讲，保险公司通过积极防灾防损，就可减少保险的风险损失，增强其财务的支付能力，并增加保险经营的收益。

③ 保险公司加强防灾防损工作，就能积极有效地促进投保人的风险管理意识，从而促使其加强防灾防损工作。可见，防灾防损是保险的一个派生职能。

(2) 融资职能

保险的融资职能，就是保险融通资金的职能或保险资金运用的职能。保险的补偿与给付的发生具有一定的时差性，这就为保险人进行资金运用提供了可能。同时，保险人为了使保险经营稳定，必须壮大保险基金，这也要求保险人对保险资金进行运用。因此，保险又派生了融资的职能。同时，资金运用业务与承保业务并称为保险企业的两大支柱。保险融资的来源主要包括资本金、总准备金或公积金、各项保险准备金以及未分配的盈余。保险融资的内容主要包括银行存款、购买有价证券、购买不动产、各种贷款、委托信托公司投资、经管理机构批准的项目投资及公共投资、各种票据贴现等。

4. 保险合同

(1) 内容

投保人与保险人之间签订的保险合同的主要内包括投保人的有关保险标的的情况、保险价值与保险金额、保险风险、保险费率、保险期限违约责任与争议处理以及双方当事人的应尽义务与享受的权利。

① 投保人的姓名与住所：明确投保人姓名与住所，是签订保险合同的前提。这里需要说明几点：被保险人不是一人时，需在保险合同中一一列明，经保险人核定承保后签发保险单。保险合同中除载明投保人外，若另有被保险人或受益人，还需要加以说明；在货物运输保险中，有特别约定，货物运输保险合同有指示式和不记名两种。在指示式合同

中，除记载投保人的姓名外，还有“其他指定人”字样，则可由投保人背书而转让第三人；在无记名式保险合同中，无须记明投保人的姓名，而随保险标的物的转移而同时转让第三人。

② 保险标的：保险合同当事人双方权利与义务所指的对象，是保险作用的对象，也是可保利益的物质形式。

③ 保险风险：保险人对投保人承担损失赔偿责任或保险金给付的风险因素，也必须在合同中一一列明。

④ 保险价值与保险金额：保险价值是指投保人在投保时保险标的用货币计量的实际价值；保险金额是指保险人对投保标的的承保金额或订入保险合同中的保险价值，它是保险人计算保险费的依据和承担补偿或给付责任的最大限额。

⑤ 保险费和保险费率。

⑥ 保险赔款或保险金的给付。

⑦ 保险期限。

⑧ 违约责任与争议处理：违约责任是指保险合同当事人因其过错致使保险合同不能完全履行，或违反保险合同规定的义务而需承担的法律责任。争议处理是保险合同发生纠纷后的解决方式，主要有协议、仲裁和诉讼三种。保险合同的当事人对保险合同的效力状态、保险合同的变更、保险合同的解除或终止、保险合同的履行等发生争议，可以通过以上三种方式加以解决。保险合同应明确争议的解决方式，从而有助于及时维护当事人的合法权益。

⑨ 保险合同当事人双方的权利和应尽的义务。

（2）特点

① 有偿合同是指因为享有一定的权利而必须偿付一定对价的合同。

② 双务合同是指合同双方当事人相互享有权利、承担义务的合同。

③ 射幸合同是指合同的效果在订约时不能确定的合同，即合同当事人一方不必然履行给付义务，而只有当合同中约定的条件具备或合同约定的事件发生时才履行。

④ 附和合同是指内容不是由当事人双方共同协商拟定，而是由乙方当事人先拟就，另一方当事人只是做出是否同意的意思表示的一种合同。

⑤ 诚信合同是指由于保险双方信息的不对称性，保险合同对诚信的要求远远高于其他合同。

（3）主体和客体

保险合同的主体包括保险合同的当事人和关系人。保险合同的当事人是投保人和保险人，关系人是被保险人和受益人。

保险合同的客体是投保人或被保险人对保险标的的可保利益。

（4）形式

① 投保单又称要保书，是投保人向保险人递交的书面要约，投保单经保险人承诺，即成为保险合同的组成部分之一。

② 暂保单是保险人在签发正式保险单之前的一种临时保险凭证。暂保单上载明了保险合同的主要内容，如被保险人姓名、保险标的、保险责任范围、保险金额、保险费率、保险责任起讫时间等。在正式的保险单做成交付之前，暂保单与保险单具有同等效

力；正式保险单签发后，其内容归并于保险单，暂保单失去效力。如果保险单签发之前保险事故就已发生，暂保单所未载明的事项，应以事前由当事人商定的某一保险单的内容为准。

③ 保险单简称保单，是保险合同成立后由保险人向投保人签发的保险合同的正式书面凭证，它是保险合同的法定形式。保险单应该将保险合同的内容全部详尽列说。尽管各类保险合同因保险标的及危险事故不同，因而保险单在具体内容上以及长短繁简程度上亦有所不同，但在明确当事人权利义务方面，则是一致的。保险单并不等于保险合同，仅为合同当事人经口头或书面协商一致而订立的保险合同的正式凭证而已。只要保险合同双方当事人意思表示一致，保险合同即告成立，即使保险事故发生于保险单签发之前，保险人亦应承担保险给付的义务。如果保险双方当事人未形成合意，即使保险单已签发，保险合同也不能成立。但在保险实践中，保险单与保险合同相互通用。

④ 保险凭证是保险合同的一种证明，实际上是简化了的保险单，所以又称为小保单。保险凭证与保险单具有同等的法律效力。凡保险凭证中没有列明的事项，则以同种类的正式保险单所载内容为准，如果正式保险单与保险凭证的内容有抵触或保险凭证另有特订条款时，则以保险凭证为准。中国在国内货物运输保险中普遍使用保险凭证，此外，汽车保险也可以使用保险凭证。

⑤ 批单又叫背书，是保险双方当事人协商修改和变更保险单内容的一种单证，也是保险合同变更时最常用的书面单证。批单实际上是对已签订的保险合同进行修改、补充或增减内容的批注，一般由保险人出具。

（二）风险管理

风险管理是经济单位当事人通过对风险进行识别和衡量，运用合理的经济和技术方法，主动、有目的、有计划地处理风险，争取以尽量小的代价去获得最大的安全保障和经济利益的行为。

1. 确立风险管理目标

选择最经济有效的方法是风险管理追求的目标，一般由两部分组成：损失发生前的风险管理目标和损失发生后的风险管理目标。损失发生前，要减少或避免损失的发生，将损失发生的可能性和严重性降到最低；减轻和消除精神压力。损失发生后，尽可能减少损失。

2. 风险识别

风险识别是风险管理的基础，只有首先能够识别风险，才能实施有效的管理。风险识别包括感知风险和分析风险两个环节。

3. 风险衡量

风险衡量主要是对损失概率、损失程度和损失的变异性进行测算。损失概率是在一定的时间范围内损失实际发生的数量或预期发生的数量占所有可能发生数量的百分比。损失程度是发生风险事故时的平均损失额度，是损失金额的数学期望值，即用损失概率乘以损失金额的加权平均值。损失变异性衡量的是损失的波动程度，一般利用损失金额的方法或标准差来衡量。

4. 处理风险

处理风险的方法有风险回避、损失控制和损失融资等方式。风险回避就是人们不去做可能带来风险的事。损失控制是人们在面临潜在的风险时，采取有效的措施来降低损失发生的概率或降低损失程度。损失融资包括风险自留和风险分散或转移。

5. 风险管理评估

风险管理评估是通过不断分析评估风险管理的绩效、发行薄弱环节并加以完善。

二、社会保险保障类型

（一）养老保险

养老保险是国家依据相关法律法规规定，为解决劳动者在达到国家规定的解除劳动义务的劳动年龄界限或因年老丧失劳动能力而退出劳动岗位后而建立的一种保障其基本生活的社会保险制度。目的是以社会保险为手段来保障老年人的基本生活需求，为其提供稳定可靠的生活来源。

养老保险是在法定范围内的老年人“完全”或“基本”退出社会劳动生活后才自动发生作用的。所谓“完全”，是以劳动者与生产资料的脱离为特征；所谓“基本”，指的是参加生产活动已不成为主要社会生活内容。其中法定的年龄界限才是切实可行的衡量标准。同时被保险人只有满足以下两个条件，即达到国家规定的退休条件已办理相关手续或按规定缴纳基本养老保险费累计缴费年限满 15 年的，经劳动保障行政部门核准后的次月起，方可按月领取基本养老金及丧葬补助费等。

基本养老保险费由企业和被保险人按不同缴费比例共同缴纳。以北京市养老保险缴费比例为例：企业每月按照缴费总基数的 19%缴纳，职工按照本人工资的 8%缴纳。

（二）医疗保险

医疗保险一般指基本医疗保险，是为了补偿劳动者因疾病风险造成的经济损失而建立的一项社会保险制度。通过用人单位与个人缴费，建立医疗保险基金，参保人员患病就诊发生医疗费用后，由医疗保险机构对其给予一定的经济补偿。

基本医疗保险制度的建立和实施集聚了单位和社会成员的经济力量，再加上政府的资助，可以使患病的社会成员从社会获得必要的物资帮助，减轻医疗费用负担，防止患病的社会成员“因病致贫”。

2010 年 1 月，人力资源和社会保障部公布了《流动就业人员基本医疗保障关系转接接续暂行办法》（以下简称《办法》），这一《办法》规定，从 2010 年 7 月 1 日开始，流动人员跨省就业时可以转移自己的医保关系，个人账户也跟随转移划转。除医保关系可跨省转移之外，随参保人身份的变化，职工医保、居民医保、新型农村合作医疗三种不同类型的医疗保险关系也可互相转移。进城的农民工可在就业地参加当地的职工基本医疗保险，回农村后可带回，转为新型农村合作医疗保险，而且不会中断。

（三）工伤保险

工伤保险，又称职业伤害保险。工伤保险是通过社会统筹的办法，集中用人单位缴纳的工伤保险费，建立工伤保险基金，对劳动者在生产经营活动中遭受意外伤害或职业病，并由此造成死亡、暂时或永久丧失劳动能力时，给予劳动者及其实用性法定的医疗救治以及必要的经济补偿的一种社会保障制度。这种补偿既包括医疗、康复所需费用，也包括保障基本生活的费用。

2016 年 5 月 1 日起各地继续贯彻落实国务院 2015 年关于降低工伤保险平均费率

0.25 个百分点和生育保险费率 0.5 个百分点的决定及相关政策规定，确保政策实施到位。生育保险和基本医疗保险合并实施试点工作已启动。

三、商业保险产品分析

（一）人寿保险

人寿保险是人身保险的一种，简称寿险。人寿保险：以被保险人的寿命为保险标的，且以被保险人的生存或死亡为给付条件的人身保险。和所有保险业务一样，被保险人将风险转嫁给保险人，接受保险人的条款并支付保险费。与其他保险不同的是，人寿保险转嫁的是被保险人的生存或者死亡的风险。

1. 主要种类

（1）定期人寿

定期人寿保险是以被保险人在保单规定的期间发生死亡，身故受益人有权领取保险金，如果在保险期间内被保险人未死亡，保险人无须支付保险金也不返还保险费，简称“定期寿险”。该保险大都是对被保险人在短期内从事较危险的工作提供保障。

（2）终身人寿

终身人寿保险是一种不定期的死亡保险，简称终身寿险。保险责任从保险合同生效后一直到被保险人死亡之时为止。由于人的死亡是必然的，因而终身保险的保险金最终必然要支付给受益人。由于终身保险保险期长，故其费率高于定期保险，并有储蓄的功能。

（3）生存保险

生存保险是指被保险人必须生存到保单规定的保险期满时才能够领取保险金。若被保险人在保险期间死亡，则不能主张收回保险金，亦不能收回已交保险费。

（4）生死两全

定期人寿保险与生存保险两类保险的结合。生死两全保险是指被保险人在保险合同约定的期间里假设身故，身故受益人则领取保险合同约定的身故保险金，被保险人继续生存至保险合同约定的保险期期满，则投保人领取保险合同约定的保险期满金的人寿保险。这类保险是目前市场上最常见的商业人寿保险。

2. 人寿保险合同应注意的条款

（1）宽限期

人寿保险大部分为长期合同，交费期有的长达几十年。交费期间常出现一些无法按时交费的情形，比如出差、遗忘、暂时性经济拮据等。为避免保险单轻易失效，保险人一般给投保人缴纳续期保费一定的宽限期，在宽限期发生保险事故的，即使投保人没有缴纳保险费，保险人仍给付保险金。如果突破宽限期仍未交费，有保险费自动垫交条款保护的，进入垫交期，没有保护的，则进入失效期。《中华人民共和国保险法》规定的宽限期为60 天。

（2）费用自动垫交

突破宽限期仍旧未缴纳保险费的，如果保险单现金价值足以垫交保险费及利息时，保险人将自动垫交保险费，除非投保人书面反对该条款。垫交保险费一直到累计贷款本息达到保险单的现金价值时结束，此时保险单将进入失效期。《中华人民共和国保险法》并未强制规定该条款，但许多保险公司提供该条款，此条款在许多国家都不是法定条款。

（3）复效条款

该条款规定人寿保险单如因欠交保费而中止效力的，投保人可以在 2 年内申请补交保险费使保险单复效。但是其他原因导致的失效并不受复效条款的保护。

（4）不丧失价值

该条款规定，即使保险单失效，保险单的现金价值所有权仍归投保人所有。

（5）年龄误报

鉴于年龄是影响人寿保险费率的重要因素，该条款规定，当保险人发现被保险人年龄误报时，将根据真实年龄调整保险金额。若年龄误报超出保险公司规定的承保年龄范围时，保险合同无效，保险人退还保险费。年龄误报不属于不可抗辩条款。《中华人民共和国保险法》无年龄错误处理，有些保险公司条款中关于年龄误报有零星规定。

（6）受益人

该条款规定，如果未指定受益人的，并且被保险人没有遗嘱指定受益人的，被保险人的法定继承人作为受益人。受益人先于被保险人死亡的，该保险金转回被保险人，被保险人可另行支配。

（7）自杀

一般规定，被保险人在保险单生效（或者复效）后 2 年内自杀，无论精神是否正常，保险人都不给付保险金，而只支付所交保险费给受益人。《中华人民共和国保险法》关于自杀规定为退还现金价值。

（8）不可抗辩

保险单生效（或者复效）之日起 2 年后，保险人不得因为投保人或者被保险人投保时的故意隐瞒、过失、遗漏和不实说明等原因否定保险合同的效力，但是投保人欠交保险费的除外。国际通用的该条款一般侧重保护被保险人或者受益人的利益，但是《中华人民共和国保险法》侧重于保护保险人的利益，其叙述："订立保险合同，保险人应当向投保人说明保险合同的条款内容，并可以就保险标的或者被保险人的有关情况提出询问，投保人应当如实告知。投保人故意隐瞒事实，不履行如实告知义务的，或者因过失未履行如实告知义务，足以影响保险人决定是否同意承保或者提高保险费率的，保险人有权解除保险合同。投保人故意不履行如实告知义务的，保险人对于保险合同解除前发生的保险事故，不承担赔偿或者给付保险金的责任，并不退还保险费。投保人因过失未履行如实告知义务，对保险事故发生有严重影响的，保险人对于保险合同解除前发生的保险事故，不承担赔偿或者给付保险金的责任，但可以退还保险费。"

（9）保单贷款

人寿保险保险单具有现金价值，一般规定在保险单经过 2 年后，可将保单抵押给保险人申请贷款。实际操作中，一般贷款额度不超出保单现金价值的一定比例，比如 80%。当贷款本利和达到保单现金价值时，投保人应按照保险人通知的日期归还款项，否则保单失效。领取保险金时如果款项未还清，则保险金将扣除该款项后支付。保单贷款期限一般为 6 个月，时间短、额度小、笔数多，一般贷款净收益低于保险人投资收益，所以该条款是保险人向投保人的优惠行为。《中华人民共和国保险法》并没有规定此条款，有些保险公司的一些条款规定了此款。

(10) 保单转让

保险单有现金价值，可作为金融资产，在一定条件下转让（不侵犯受益人的既得权利等情形)。转让有两种情况，一种是把保单所有权完全转让，同时转让一些未履行的义务；另一种是将保单作为被保险人的信用担保或者贷款的抵押品。保险单转让时必须书面通知保险公司，否则转让不成立。《中华人民共和国保险法》并没有规定此条款，也未出现规定此款的条款。

(11) 红利及保险金

分红保险的红利有多种处置方式，可以选择。它们是领取现金、累积生息、抵交续期保费、自动增加保额、自动购买定期死亡寿险、并入准备金以提前满期等。保险金任选条款规定，被保险人或者受益人在领取保险金时，可选择所列方式：收入利息（领款人死亡后，受益人领回本金)、定期收入（年金)、定额收入（年金)、终身收入（年金)。

(二) 人身意外伤害保险

人身意外伤害保险是人身保险的一种，简称意外伤害保险，指在保险有效期间内，如果被保险人遭受意外伤害而因此在责任期限内不幸残疾或身故，由保险公司给付身故保险金或残疾保险金。意外伤害必须符合以下要件：

① 外来因素造成的，是指由于被保险人身体外部原因造成的事故，如车祸、被歹徒袭击、溺水、食物中毒等。

② 突发的，指在瞬间造成的事故，没有较长的过程，如落水、触电、跌落等。而职业病是由于伤害逐步形成的，而且是可以预见和预防的，故不属于意外事故。

③ 意外发生的，指被保险人未预料到和非本意的事故，如飞机坠毁等，另有一些事故虽然可以预见或避免，但由于无法抗拒或履行职责不得回避，也应列入“意外”范围，如轮船着大火被迫跳海逃生，见义勇为与歹徒搏斗而负伤等。

④ 非疾病的，疾病所致伤害，虽不是本人事先所能预料的，但它是人体自身产生的结果，不属于意外事故，如脑溢血发作不省人事。

⑤ 身体受到伤害，意外伤害的对象必须是被保险人的身体所属部位，且伤害事实成立，如虽触电但未伤及身体，则属伤害事实不成立。

(三) 健康保险

健康保险是以被保险人的身体为保险标的，以被保险人在保险期间内因疾病或分娩不能从事正常工作，或因疾病、分娩造成残疾或死亡时由保险人给付保险金的一种保险。

1. 按照保险责任

健康保险按照保险责任，健康保险分为疾病保险、医疗保险、收入保障保险等。

构成健康保险所指的疾病必须有以下三个条件：

第一，必须是由于明显非外来原因所造成的。

第二，必须是非先天性的原因所造成的。

第三，必须是由于非长存的原因所造成的。

2. 按给付方式划分

健康保险按给付方式划分，一般可分为三种：

(1) 给付型

保险公司在被保险人患保险合同约定的疾病或发生合同约定的情况时，按照合同规定向被保险人给付保险金。保险金的数目是确定的，一旦确诊，保险公司按合同所载的保险金额一次性给付保险金。各保险公司的重大疾病保险等就属于给付型。

（2）报销型

保险公司依照被保险人实际支出的各项医疗费用按保险合同约定的比例报销。如住院医疗保险、意外伤害医疗保险等就属于报销型。

（3）津贴型

保险公司依照被保险人实际住院天数及手术项目赔付保险金。保险金一般按天计算，保险金的总数依住院天数及手术项目的不同而不同。如住院医疗补贴保险、住院安心保险等就属于津贴型。

3. 特点

（1）保险期限

除重大疾病等保险以外，绝大多数健康保险尤其是医疗费用保险常为一年期的短期合同。

（2）精算技术

健康保险产品的定价主要考虑疾病率、伤残率和疾病（伤残）持续时间。健康保险费率的计算以保险金额损失率为基础，年末未到期责任准备金一般按当年保费收入的一定比例提存。此外，等待期、免责期、免赔额、共付比例、给付方式和给付限额也会影响最终的费率。

（3）健康保险的给付

关于"健康保险是否适用补偿原则"问题，不能一概而论，费用型健康保险适用该原则，是补偿性的给付；而定额给付型健康险则不适用，保险金的给付与实际损失无关。

（4）经营风险的特殊性

健康保险经营的是伤病发生的风险，其影响因素较人寿保险更复杂，逆选择和道德风险都更严重。此外，健康保险的风险还来源于医疗服务提供者，医疗服务的数量和价格在很大程度上由他们决定，作为支付方的保险公司很难加以控制。

（5）成本分摊

由于健康保险有风险大、不易控制和难以预测的特性，因此，在健康保险中，保险人对所承担的疾病医疗保险金的给付责任往往带有很多限制或制约性条款。

（6）合同条款的特殊性

健康保险无须指定受益人，且被保险人和受益人常为同一个人。

健康保险合同中，除适用一般寿险的不可抗辩条款、宽限期条款、不丧失价值条款等外，还采用一些特有的条款，如既存状况条款、转换条款、协调给付条款、体检条款、免赔额条款、等待期条款等。

（7）健康保险的除外责任

健康保险的除外责任一般包括战争或军事行动，故意自杀或企图自杀造成的疾病、死亡和残废，堕胎导致的疾病、残废、流产、死亡等。

（四）投资型保险

投资型保险是国内保险市场近年来新出现的险种，兼具保障与理财双重功能，是一种长期保险产品。常见的有如下几种：

1. 分红型寿险

分红型寿险是指可以分享保险公司经营成果的险种，保险公司在每个会计年度结束后，将上一会计年度该类分红保险的可分配盈余，按一定的比例，以现金或增值红利的方式，分配给客户。分红保险的多款产品同时也是两全保险，无论生存或身故，都能获取保险金。在众多的保险产品中，分红型寿险既有保障性又具有稳健的收益。

2. 投连险

投连险集保险与投资功能于一身，保单在提供人寿保障的同时，大部分缴费用来购买保险公司设立的投资账户单位，由投资专家负责资金的调动和投资决策，将保险客户的资金投入各种投资工具上，其账户资产价值由保险公司的投资表现来决定。投连险一般适合于有长期投资理财需求且需要寿险保障的人士。

（五）个人财险

财产保险是以各种物质财产和有关利益为保险标的，以补偿投保人或被保险人的经济损失为基本目的的一种经济补偿制度。我国的财产保险主要有火灾及其他灾害事故保险、货运保险、运输保险工具、工程保险、责任保险、信用保证保险和农业保险。在个人理财规划中，通常用到的财产险主要有家庭财产保险和机动车辆保险。

1. 家庭财产保险

家庭财产保险是典型的短期险种，通常承保期限为1年，以城乡居民室内的有形财产为保险标的的保险。我国目前开办的家庭财产保险主要是普通家庭财产保险，是对被保险人的自有财产、由被保险人代管的财产或被保险人与他人共有的财产（如房屋、房屋装修和家用电器等）因火灾、爆炸、雷击、冰雹、洪水、海啸、地震、泥石流、暴风雨、空中运行物体坠落等一系列自然灾害和意外事故造成损失提供保障。在投保家庭财产险时，需要投保人对财产做出合理的估价，不能太高或过低，应使保险金额尽可能接近投保财产的实际价值，这样一旦发生保险责任范围内的事故，不会出现保障不足或保费负担过重的问题。

2. 车险

车险即机动车辆保险，也称汽车保险，是指对机动车辆由于自然灾害或意外事故所造成的人身伤亡或财产损失负赔偿责任的一种商业保险。

机动车辆是指汽车、电车、电瓶车、摩托车、拖拉机、各种专用机械车、特种车。机动车辆保险为不定值保险，分为基本险和附加险，其中附加险不能独立保险。基本险包括交强险、第三者责任险（三责险）和车辆损失险（车损险）；附加险包括全车盗抢险（盗抢险）、车辆责任险、无过错损失险、车载货物掉落责任险、玻璃单独破碎险、自然损失险、不计免赔特约险。

四、个人保险规划流程

（一）评估风险

人的一生面临各种各样的风险。在购买保险产品之前，应对个人所面临的风险进行全面的评估。个人面临的主要风险有人身风险、财产损失风险、责任风险和投资风险。

（二）认识保险需求

在风险评估的基础上，需要进一步确认保险需求，挑选合适的保险产品。人的保险需求基本可分为六大类：健康、意外、子女、养老、投资和保障。六大保险需求人人都有，但是不同的个体和处在不同生命时期的家庭所面临的风险不同，对各类保险的需求程度也不相同。确定保险需求，目的是以最少的保费支出获得最大的保障。

在明确了哪些风险是可以利用商业保险来解决之后，接下来就是选择具体的保险产品了。需要注意下列问题：

1. 选择合适的保险公司

对于想要投保长期险的客户来说，选择经营稳健、信誉良好、管理规范、服务周到的保险公司是非常关键的。

2. 三优先

先给大人买保险，先给家庭经济支柱买保险，先买意外险、健康险。

3. 只买对的，不选贵的

购买保险产品时需要认清，并不是保费越高，保障就越全，就越能满足自己的需要。

4. 注意合理搭配险种

投保人身保险可以在保险项目上进行组合，如购买一个至两个主要险附件意外伤害、重大疾病保险，这样可以得到全面保障。但是在全面考虑所有需要投保的项目时，还需要进行综合安排，应避免重复投保，使用于投保的资金得到最有效的利用。

（三）确定保险金额及期限

在确定保险产品的种类之后，就需要确定保险金额。保险金额是当保险合同约定的保险事故发生时，保险公司所赔付的最高金额。一般来说，保险金额的确定应该以财产的实际价值和认识的评估价值为依据。

（四）保险规划策略

1. 单身客户保险规划

单身客户是指年纪较小但已经经济独立，还没有结婚，存款不多的年轻人。考虑到这类客户的经济支付能力和所面临的风险的特点，投保时人寿保险以储蓄性寿险为宜，比如生死两全寿险，同时适当搭配意外伤害保险（尤其是对那些经常出差的年轻人）。保险金额不宜太高，以免增加不必要的保费支出。当然，如果收入较高，可以考虑购买重疾险和保额较高的寿险。

2. 家庭形成期保险规划

家庭形成期是指年轻男女已经开始组建家庭，收入比较稳定，有一定的积蓄，但上有老下有小，身体也不如年轻时健康，面临买房、立业、生子、教育、医疗和养老等人生问题，家庭负担开始加重。该时期的保险需求主要有如下。

① 带有储蓄或投资性质的寿险，比如投连险；

② 高额的人身意外伤害保险，一旦发生意外，对老人和孩子有所交代；

③ 家庭财产保险和汽车保险，降低重置或维修成本；

④ 重大疾病等健康保险，如果是为孩子购买重疾险，最好带豁免调控。

3. 家庭成长期保险规划

家庭步入成长期，家庭成员不再增加，孩子即将升学，家庭成员的年龄在不断增长，在医疗保健、子女教育等方面开销较大。同时，随着阅历的丰富，积累了一定的财富和投资经验，该时期的保险需求主要是积累孩子的教育基金和父母的养老金。

本章小结

人的一生面临各种各样的风险，需要进行有效的风险管理，制定相应的保险规划方案。本章介绍了保险规划，主要涉及以下内容：

保险基础知识。在做保险规划之前，需要明确保险的分类和作用，熟悉各种风险管理流程。

社会保障分析。目前我国居民的社会保障主要有养老保险、医疗保险和工伤保险，政府陆续出台相关文件来完善社保体系。

商业保险产品分析。保险规划的对象是各种商业保险产品，包括人寿保险、意外伤害保险、健康保险、投资型保险和财产险等。

保险规划流程。为客户提供保险规划时，首先要评估客户的风险状况，在此基础上明确客户的保险需求，帮助客户确定保险金额和期限，最终为客户量身订制保险规划策略。

复习思考题

1. 保险有哪些职能？

2. 简述保险规划的步骤。

3. 试分析不同人寿保险产品的特点。

第九章　税收规划

学习目标

通过本章的学习，要理解税收的概念，掌握税种的分类与各相关税种的主要内容。

专业术语

比例税率；差别比例税率；累进税率；个人所得税

案例导入

税收是由作为纳税人的个人或企业缴纳的。税收表现为个人或企业财富的负担，如何按照税法的规定进行纳税，就是纳税人首先要考虑的问题。能否在不违背税法的规定下，减少个人所承担的税负呢？答案是肯定的。纳税可以避免，前提必须是合法的，这就对纳税人了解国家的税收制度提出了更高的要求。本章主要对我国的税收制度进行简单的介绍。

第一节　税收基础知识

税收的特征主要表现为以下三个方面：

① 强制性，指政府用法律法规等形式对征税加以规定，并依照法律强制征税。

② 无偿性，指征税后，税款即成为财政收入，税款不需要偿还，也不付出任何形式的报酬。

③ 固定性，指征税之前，以法的形式预先规定了课税对象、课税额度、课税方法等。

一、税收法律关系的构成：征纳双方、征税对象和他们之间的关系

税收法律关系是由权利主体、客体与法律关系内容三部分构成。

权利主体，即税收法律关系中享有权利和承担义务的当事人。在我国税法中，权利主体一方是国家税务机关，另一方是履行纳税义务的人。

权利客体，即税收法律关系的权利、义务所共同指向的对象，也就是征税对象。

税收法律关系内容，是权利主体所享有的权利与所应承担的义务，这是税收法律关系中最实质的东西。国家税务主管机关的权利主要表现在依法进行征税、进行税务检查、对违章者进行处罚；其义务主要是向纳税人咨询、宣传、辅导税法，及时把税款上缴国库，依法受理纳税人对税收争议的申诉等。纳税义务人的权利主要有多缴税款申请退回权、延期纳税权、提起诉讼等。其义务主要是按税法规定办理税务登记、进行纳税申报、接受税务检查、依法缴纳税款等。

二、税收制度的构成要素

（一）纳税义务人——谁来纳税

纳税义务人是指一切履行纳税义务的法人、自然人及其他组织，也称纳税主体。

（二）征税对象——就什么来纳税

征税对象即税法规定必须征税的客观对象，指的是国家对什么样的标的物征税。它是区别不同类型税种的主要标志。不同的征税对象构成不同的税种。如企业所得税的征税对象是应税所得，增值税的征税对象是商品或劳务在生产和流通过程中的增值额。

（三）税目——税种下的再分类

税目是各个税种所规定的具体征税项目。它是征税对象的具体化。比如，消费税具体规定了烟、酒等税目。

（四）税率——征税的比例

税率是对征税对象的征收比例或征收额度，分为比率税率、定额税率与累进税率三种。

1. 比率税率

这是对同一计税依据，不论数额大小，只规定统一的法定比例的税率。比率税率可分为以下两种：

（1）统一比率税率

它是指一种税只设一个比例税率，所有纳税人都按统一税率纳税。

（2）差别比率税率

它是指一种税设两个或两个以上的比率税率，主要有产品差别比例税率、行业差别比例税率、地区差别比例税率与幅度差别比例税率。

2. 定额税率

它是按征税对象的计量单位直接规定应缴纳税额的税率形式。由于采用定额税率的税收只与课税对象的实物单位挂钩，它的负担不会随着商品的价格水平或人们的收入水平的提高而增加。

3. 累进税率

它是指征收比例随着计税依据数额增加而逐级提高的税率。在实际应用中主要有以下两种形式：

（1）全额累进税率

它是指按照计税依据的全部数额累进征税的累进税率，即将计税依据分为若干个不同的征税级距，相应规定若干个由低到高的不同的适用税率，当计税依据数额由一个征税级距上升到另一个较高的征税级距时，全部计税依据都要按照上升以后的征税级距的适用税率计算征税。全额累进税率的优点：计算方法简单，累进幅度大，能够大幅度地调节纳税人的收入、财产。缺点是由于累进急剧，在累进分界点上下税负悬殊，甚至出现增加的税额超过增加的计税依据数额的现象，不利于鼓励纳税人增加收入、财产。目前这种税率已经很少使用。

（2）超额累进税率

它是按照计税依据的不同部分分别累进征税的累进税率，即将计税依据分为若干个不同的征税级距，相应规定若干个由低到高的不同的适用税率，当计税依据数额由一个征税级距上升到另一个较高的征税级距时，仅就达到上一级距的部分按照上升以后的征税级距的适用税率计算征税。超额累进税率的优点是累进幅度比较缓和，税收负担较为合理。缺点是计算方法比较复杂，计税依据数量越大，级距越多，计算步骤越多；边际税率和平均税率不一致，税收负担的透明度较差。

（五）纳税环节——产生纳税义务的环节

纳税环节是指税法规定的征税对象在从生产到消费的流转过程中应该缴纳税款的环节。如流转税在生产和流通环节纳税，所得税在分配环节纳税等。

（六）纳税期限——纳税的时间限定

纳税期限是指纳税人按照税法规定缴纳税款的期限。如：营业税的纳税期限分别为5日、10日、15日、1个月或1个季度，纳税人的具体纳税期限由主管税务机关根据纳税人应纳税额等大小分别核定，不能按照固定期限纳税的，可按次纳税。

（七）纳税地点——什么地点纳税

纳税地点指根据各个税种纳税对象的纳税环节和有利于对税款的源泉控制而规定的纳税人（包括代征、代扣、代缴义务人）的具体纳税地点。

（八）减税免税——能让人少缴税的条款

减税免税是对某些纳税人和征税对象采取减少征税或者免予征税的特殊规定。

1. 免征额

免征额又称“费用扣除额”或“生计费用”，是指课税对象中免于征税的金额。即当课税对象的数额超过免征额时，仅就其超过部分纳税，这样纳税人的计税依据就会小于其课税对象的数额，从而有利于降低其税收负担。比如在计算个人所得税时，2011年9月1日以后可以扣税3500元，3500元就是免征额。

2. 起征点

起征点是指税法规定对征税对象开始征税的起点数额。征税对象的数额达到起征点的就全部数额征税，未达到起征点的不征税。

3. 税收抵免

税收抵免是指个人所得税中的允许纳税人用一些费用开支或已交纳的其他税款直接冲减其应纳税额的减免税措施。比如稿酬所得适用20%的比例税率，并按应纳税额减征30%。与免征额及起征点相比，这种减免税措施对纳税人来说优惠的力度更大。

第二节　个人所得税

由于在几大税类中，所得税尤其是个人所得税和个人理财的关系最为密切，所以本节重点介绍个人所得税。

个人所得税是对个人取得的各项应税所得课征一种税，纳税义务人包括中国公民、个体工商户以及在中国有所得的外籍人员和港澳台同胞。

纳税义务人依据住所、居住时间两个标准分为居民与非居民，分别承担不同的纳税义务。

居民纳税人是在中国境内有住所，或无住所而在中国境内居住满一年的个人，负有无限纳税义务，应就其来源于中国境内及境外的全部所得缴纳个人所得税。在境内居住满一年是指在一个纳税年度内（即公历1月1日起至12月31日止），在中国境内居住满365天，对临时离境视同在华居住，不扣减在华居住的天数。临时离境是在一个纳税年度内，一次不超过30日或者多次累计不超过90日的离境。

非居民纳税人，即不符合居民纳税义务人判定标准的纳税义务人，承担有限纳税义务，即仅就其来源于中国境内的所得，向中国缴纳个人所得税。

【例9-1】 一外籍人员从2015年10月起到中国境内公司任职，在2016年度内，曾于3月6—13日离境回国向总公司述职，12月23日又离境回国欢度圣诞节。该外籍人员在2016纳税年度内是否为中国的居民纳税义务人？

解 该外籍人员在2016年度内，离境时间一次不超过30日且多次累计不超过90日，所以，该外籍人员在2016纳税年度内是中国的居民纳税义务人。

一、个人所得税的征税范围

① 工资、薪金所得。

② 个体工商户的生产、经营所得。

③ 企事业单位的承包经营、承租经营所得。

④ 劳务报酬所得。

⑤ 稿酬所得。

⑥ 特许权使用费所得。

⑦ 利息、股息、红利所得。

⑧ 财产租赁所得。

⑨ 财产转让所得。

⑩ 偶然所得。

⑪ 经国务院财政部门确定征税的其他所得。

二、个人所得税的计税依据与税率的规定

（一）费用减除标准

① 工资薪金所得，以每个月收入额减去3500元后的余额为应纳税所得额。

② 个体工商户的生产经营所得，以每一纳税年度的收入总额减除成本、费用、损失后的余额为应纳税所得额。

③ 企事业单位的承包经营、承租经营所得，以每一纳税年度的收入总额减除必要费用后的余额，为应纳税所得额。

④ 劳务报酬所得、稿酬所得、特许权使用费所得、财产租赁所得、每次收入不超过4000元的，减除费用800元；4000元以上的，减除20%的费用，其余额为应纳税所得额。

⑤ 财产转让所得，已转让财产的收入额减除财产原值与合理费用后的余额为应纳税所得额。

⑥ 股息、利息、红利所得，偶然所得与其他所得，以每次收入为应纳税所得额。

（二）附加减除费用使用的范围与标准

附加减除费用使用范围包括：

① 在中国境内的外商投资企业与外国企业中工作取得工资、薪金所得的外籍人员。

② 应聘在中国境内的企业、事业单位、社会团体、国家机关中工作取得工资、薪金所得的外籍专家。

③ 在中国境内有住所而在中国境外任职或受雇取得工资、薪金所得的个人。

④ 财政部确定的取得工资薪金所得的其他人员。

上述使用范围内的人员每月工资薪金所得在减除 3500 元费用的基础上，再减去 1300 元。华侨、港澳台同胞参照上述附加减除费用标准执行。

【例 9－2】 某外籍人员，2016 年 7 月在中国工作，工作期间境内企业每月支付其工资 10000 元，同年 9 月离境。此外籍人员 8 月在我国应缴纳的个人所得税是多少？

解 （10000－3500－1300）×20％－555＝485（元）

（三）每次收入的确定

① 劳务报酬所得。

只有一次性收入的，以取得该项收入为一次。

属于同一事项连续取得收入的，以一个月内取得的收入为一次。

【例 9－3】 某明星为一企业做广告，一个月内分两次等额取得报酬，每次取得 30000 元，其应缴纳个人所得税为多少？

解 60000×（1－20％）×30％－2000＝12400（元）

② 稿酬所得，以每次出版、发表取得的收入为一次。

同一作品再版取得的所得，应视为另一次稿酬所得计征个人所得税。

同一作品先在报刊上连载，然后再出版；或者先出版，再在报刊上连载的，应视为两次稿酬所得征税。即连载作为一次，出版作为另一次。

【例 9－4】 国内某作家的一篇文章先在报纸上连载 3 个月，每月取得稿酬 3600 元，然后送交出版社出版，一次取得稿酬 20000 元，该作家需要缴纳多少个人所得税？

解 3600×3×（1－20％）×20％×（1－30％）＝1209.6（元）

20000×（1－20％）×20％×（1－30％）＝2240（元）

合计：1209.6＋2240＝3449.6（元）

同一作品在报刊上连载取得收入的，将连载完成后取得的所有收入合并为一次，计征个人所得税。

【例 9－5】 国内某作家的一篇文章在一家晚报上连载，3 个月的稿酬收入分别为 3000 元、4000 元、5000 元。该作家 3 个月所获得的稿酬应缴纳多少个人所得税？

解 （3000＋4000＋5000）×（1－20％）×20％×（1－30％）＝1344（元）

同一作品在出版和发表时，以预付的稿酬或分次支付稿酬等形式取得的稿酬收入，应合并计算为一次。

同一作品出版、发表后，因追加印数而追加稿酬的，应与以前出版、发表时取得的稿酬合并计算为一次，计征个人所得税。

【例 9－6】 张某的一篇文章被收入论文集出版，取得稿酬 5000 元，当年因添加印数而取得追加稿酬 2000 元。上述张某所获稿酬应缴纳多少个人所得税？

解　(5000＋2000)×(1－20％)×20％×(1－30％)＝784(元)

③ 特许权使用费所得，以某项使用权的一次转让所取得的收入为一次。

④ 财产租赁所得，以一个月内取得的收入为一次。

⑤ 利息、股息、红利所得，以支付利息、股息、红利取得的收入为一次。

⑥ 偶然所得，以每次收入为一次。

⑦ 其他所得以每次收入为一次。

三、应纳税额的计算

(一) 工资薪金所得应缴纳税额的计算

应纳税额＝应纳税所得额×使用税率－速算扣除数

＝(每月收入额－3500)×使用税率－速算扣除数

表 9－1　个人所得税税率表（适用于工资薪金所得）

级数	应纳税所得额	税率(％)	速算扣除数
1	不超过 1500 元	3	0
2	超过 1500 元至 4500 元的部分	10	105
3	超过 4500 元至 9000 元的部分	20	555
4	超过 9000 元至 35000 元的部分	25	1005
5	超过 35000 元至 55000 元的部分	30	2755
6	超过 55000 元至 80000 元的部分	35	5505
7	超过 80000 元的部分	45	13505

【例 9－7】　某校教师在 2016 年 6 月取得工资 6000 元，则这个月的工资需要缴纳的个人所得税的数额是多少？

解　(6000－3500)×10％－105＝145(元)

【例 9－8】　某外商投资企业中工作的英国专家(假定为非居民纳税人)，2016 年 6 月取得该企业发放的工资收入 10000 元人民币，则该专家这个月应缴纳的个人所得税额为多少？

解　(10000－3500－1300)×20％－555＝485(元)

(二) 个体工商户的生产、经营所得应纳税额的计算

应纳税额＝应纳税所得额×适用税率－速算扣除数

或＝(全年收入总额－成本、费用以及损失－42000 元/年)

×适用税率－速算扣除数

(三) 对企事业单位的承包经营、承租经营所得应纳税额的计算

应纳税额＝应纳税所得额×适用税率－速算扣除数

或＝(纳税年度收入总额－必要费用)

×适用税率－速算扣除数

表 9-2　个人所得税税率表（适用于个体工商户的生产经营所得和对企事业单位的承包经营、承租经营所得）

级数	全年应纳税所得额	税率（%）	速算扣除数
1	不超过 15000 元的	5	0
2	超过 15000 元至 30000 元的部分	10	750
3	超过 30000 元至 60000 元的部分	20	3750
4	超过 60000 元至 100000 元的部分	30	9750
5	超过 100000 元的部分	35	14750

（四）劳务报酬所得应纳税额的计算

每次收入不足 4000 元：

应纳税额＝应纳税所得额×适用税率

或＝（每次收入额－800）×20%

每次收入在 4000 元以上：

应纳税额＝应纳税所得额×适用税率

或＝每次收入额×（1－20%）×20%

每次收入的应纳税所得额超过 20000 元：

应纳税额＝应纳税所得额×适用税率－速算扣除数

或＝每次收入额×（1－20%）×适用税率－速算扣除数

表 9-3　个人所得税税率表（适用于劳务报酬所得）

级数	每次应纳税所得额	税率（%）	速算扣除数
1	不超过 20000 元的部分	20	0
2	超过 20000 元至 50000 元的部分	30	2000
3	超过 50000 元的部分	40	7000

【例 9-9】　某高校教师为一公司提供劳务，取得劳务报酬 20000 元，则其需要缴纳的个人所得税是多少？

解　20000×(1－20%)×20%＝3200（元）

【例 9-10】　某明星一次性获得表演收入 36000 元，则其需要缴纳的个人所得税是多少？

解　36000×(1－20%)×30%－2000＝6640（元）

（五）稿酬所得应纳税额的计算

每次收入不足 4000 元：

应纳税额＝应纳税所得额×适用税率×（1－30％）

或＝（每次收入额－800）×20％×（1－30％）

每次收入在 4000 元以上：

应纳税额＝应纳税所得额×适用税率×（1－30％）

或＝每次收入额×（1－20％）×20％×（1－30％）

【例 9－11】 某作家某月获得稿费 20000 元，则这笔稿费需要缴纳的个人所得税是多少？

解 20000×（1－20％）×20％×（1－30％）＝2240（元）

（六）特许权使用费所得应纳税额的计算

每次收入不足 4000 元：

应纳税额＝应纳税所得额×适用税率

或＝（每次收入额－800）×20％

每次收入在 4000 元以上：

应纳税额＝应纳税所得额×适用税率

或＝每次收入额×（1－20％）×20％

【例 9－12】 某技术人员向某公司转让某项专有技术，获得特许权使用费 12 万元，则这笔使用费需要缴纳的个人所得税是多少？

解 120000×（1－20％）×20％＝19200（元）

（七）利息、股息、红利所得应纳税额的计算

应纳税额＝应纳税所得额×适用税率＝每次收入额×20％

（八）财产租赁所得应纳税额的计算

每次（月）收入不足 4000 元：

应纳税所得额＝每次（月）收入－准予扣除项目

－修缮费用（800 元/月为限）－800 元

每次（月）收入超过 4000 元：

应纳税所得额＝[每次（月）收入－准予扣除项目

－修缮费用（800 元/月为限）]×（1－20％）

应纳税额＝应纳税所得额×适用税率

（九）财产转让所得应纳税额的计算

应纳税额＝应纳税所得额×适用税率

＝（收入总额－财产原值－合理税费）×20％

【例 9－13】 张某建造房子一幢，造价 36000 元，支付费用 2000 元。张某转让房屋，售价 60000 元，在卖房过程中按规定支付交易费用等有关费用 2500 元，则其需要缴纳的个人所得税是多少？

解 (60000－36000－2000－2500) ×20%＝3900 (元)

(十) 偶然所得应纳税额的计算

应纳税额＝应纳税所得额×适用税率＝每次收入额×20%

【例 9－14】 小张在参加商场的有奖销售过程中，中奖所得共计 20000 元，则小张需要缴纳的个人所得税是多少？

解 20000×20%＝4000 (元)

四、应纳税额计算中的几个特殊规定

① 个人兼职取得的收入应按照“劳务报酬所得”应税项目缴纳个人所得税；退休人员再任职取得的收入，在减除按个人所得税法规定的费用扣除标准后，按“工资、薪金所得”应税项目缴纳个人所得税。

② 纳税人取得全年一次性奖金，单独作为一个月工资、薪金所得计算纳税，并按以下计税办法，由扣缴义务人发放时代扣代缴。先将雇员当月内取得的全年一次性奖金，除以 12 个月，按其商数确定适用税率与速算扣除数。如果在发放年终一次性奖金的当月，雇员当月工资薪金所得低于税法规定的费用扣除额，应将全年一次性奖金减除“雇员当月工资薪金所得与费用扣除额的差额”后的余额，按上述办法确定全年一次性奖金的适用税率与速算扣除数。

【例 9－15】 张某 2016 年每月基本收入 3000 元，12 月年终奖金 10000 元，则张某年终奖金应纳税额为多少？

解 张某当月工资薪金所得与费用扣除额的差额＝3500－3000＝500 (元)

张某 12 月年终奖金应纳税额计算式为：

(10000－500) ÷12＝791.67 (元)

查表可以得到 791.67 元适用的税率是 3%，速算扣除数为 0，则年终奖金应纳税额：(10000－500) ×3%＝285 (元)。

③ 保险营销员的佣金有展业成本与劳务报酬构成。对佣金中的展业成本（比例暂定为 40%），不征收个人所得税；对劳务报酬部分，扣除实际缴纳的营业税及附加税后，依照税法有关规定计算征收个人所得税。

④ 作者将自己的文字作品手稿原件或者复印件拍卖取得的所得，以转让收入额减除 800 元（转让收入额 4000 元以下）或者 20%（转让收入额 4000 元以上）后的余额为应纳税所得额，按照“特许权使用费”所得项目适用 20%税率缴纳个人所得税。

五、个人所得税的重要优惠政策

(一) 免纳个人所得税的项目

① 省级人民政府、国务院部委与中国人民解放军以上单位以及外国组织颁发的科学教育、技术、文化、卫生、体育、环境保护等方面的奖金。

② 国债与国家发行的金融债券利息。

③ 按照国家统一规定发给的补贴、津贴。

④ 福利费、抚恤金、救济金、保险赔款、军人转业费、复员费。

⑤ 按照国家统一规定发放的安家费、退职费、退休工资、离休工资、离休生活补助费。

⑥ 依照我国法律应予免税的各国驻华使馆、领事馆的外交代表、领事官员与其他人员所得。

⑦ 对乡镇及以上政府或经县及以上政府主管部门批准成立的有机构、有章程的见义勇为基金或类似性质组织，奖励见义勇为者的奖金或奖品，经税务机关核准后免征个人所得税。

⑧ 企业或个人按照省级以上人民政府规定比例提取并缴付的住房公积金、基本养老保险金、失业保险金、医疗保险金、不计入个人当期的工资、薪金收入，免予征收个人所得税。

⑨ 对被拆迁人按照国家有关城镇房屋拆迁管理办法规定的标准取得的拆迁补偿款，免征个人所得税。

⑩ 经国务院财政部门批准免税的所得。

（二）经批准可以减征个人所得税的情况

① 残疾、孤老人员和烈属的所得。

② 因严重自然灾害造成重大损失的。

③ 其他经国务院财政部门批准减税的。

本章小结

本章讲述了税收的相关概念，包括税收法律关系的相关内容及税法的构成要素，并重点介绍了个人所得税。本章难度不大，但由于知识点众多，且在理财规划中具有重要的意义，所以需多加重视。

复习思考题

一、单项选择题

1. 纳税义务人的义务主要是按税法规定办理税务登记、进行纳税申报、（　　）和依法缴纳税款等。

A. 接受财务处理　　　　B. 接受财务检查

C. 进行资产清理　　　　D. 接受税务检查

2. 定额税率又称固定税额，是按征税对象的计量单位直接规定应缴纳税额的税率形式。由于采用定额税率的税收只与课税对象的实物单位挂钩，它的负担不会随着商品的价格水平或人们的收入水平的提高而(　　)。

A. 增加　　B. 减少　　C. 改变　　D. 不变

3. 下列关于超额累进税率优缺点的说法中，错误的是(　　)。

A. 累进幅度比较缓和，税收负担较为合理

B. 计算方法比较简单

C. 边际税率与平均税率不一致

D. 税收负担的透明度较差

4. 累进税率可以有效地调节纳税人的收入、财产等，下列关于超额累进税率和全额累进税率的说法中正确的是(　　)。

A. 超额累进税率累进幅度大，而全额累进税率累进幅度比较缓和

B. 超额累进税率计算方法比较简单，而全额累进税率计算方法比较复杂

C. 超额累进税率税负较为合理，而全额累进税负比较重

D. 超额累进税率边际税率与平均税率一致，而全额累进税率的不一致

5. 超额累进税率是按照计税依据的(　　)分别累进征税的累进税率，即将计税依据分为若干个不同的征税级距，相应规定若干个由低到高的不同的适用税率，当计税依据数额由一个征税级距上升到另一个较高的征税级距时，仅就达到上一级距的部分按照上升以后的征税级距的适用税率计算征税。

A. 全部　　B. 不同部分　　C. 同一部分　　D. 相同部分

6. 在区分个人所得税的居民与非居民纳税人时，临时离境是指在一个纳税年度内，一次不得超过(　　)日或多次累计不超过(　　)日的离境。

A. 30；30　　B. 30；60　　C. 30；90　　D. 30；120

7. 在计算劳务报酬所得时，如果属于同一事项连续取得收入的，以(　　)内取得的收入为一次。

A. 一个月　　B. 二个月　　C. 三个月　　D. 每个月

8. 老张 2009 年与出版社就一本完成的小说签订出版合同，获得稿酬收入 2000 元。小说上市后销售火爆，于 2009 年年底再版，又获得了 3000 元的收入，则老张就小说出版获得的稿酬收入需缴纳(　　)元的个人所得税。

A. 476　　B. 520　　C. 560　　D. 580

9. 稿酬所得，以每次出版、发表取得的收入为一次。同一作品再版取得的所得，应视为(　　)稿酬所得计征个人所得税。

A. 同次　　B. 另一次　　C. 一个月内　　D. 其他

10. 2009 年 3 月，赵先生出版个人自传，获得收入 2000 元。由于市场销售火爆，追加印数，赵先生又获得 20000 元，则赵先生一共需要缴纳(　　)元的个人所得税。

A. 2240　　B. 2296　　C. 2464　　D. 3520

11. 某公司职员王小姐于 2016 年 4 月领取工资 8000 元，依据新的个税起征点 3500 元的标准，则她当月应缴纳的个人所得税为(　　)。

A. 825 元　　B. 905 元　　C. 800 元　　D. 345 元

12. 2009 年 2 月，某演员出席某社会活动，分三次取得报酬，每次取得 20000 元，则该演员需要缴纳(　　)元的个人所得税。

A. 9600　　B. 12200　　C. 12400　　D. 14400

13. 小李 2016 年将自己发明的某专利转让，获得转让费 30 万，则小李此次转让需要缴纳(　　)元的个人所得税。

A. 36000　　B. 42000　　C. 48000　　D. 52000

14. 对于个人的金融投资所得，国家一般按(　　)比例税率对其征收个人所得税。

A. 10%　　B. 20%　　C. 5%　　D. 15%

15. 2016 年 5 月，张小姐购买福利彩票，获得奖金 200000 元，通过国家扶贫基金会向贫困地区捐赠 20000 元，张小姐最后获得的收入为(　　)。

A. 36000　　B. 46000　　C. 112000　　D. 144000

二、多项选择题

16. 税收是国家凭借政治权利，按照法律规定取得财政收入的一种形式。它的特征主要表现在以下三个方面，即(　　)。

A. 强制性　　B. 无偿性　　C. 固定性　　D. 灵活性　　E. 有偿性

17. 税收法律关系主要是由(　　)三方面构成。

A. 权利主体　　B. 权利客体　　C. 法律关系内容　　D. 民事权利　　E. 民事义务

18. 差别比例税率，指一种税设两个或两个以上的比例税率，主要包括(　　)。

A. 金额差别比例税率　　B. 产品差别比例税率

C. 行业差别比例税率　　D. 地区差别比例税率

E. 幅度差别比例税率

第十章　退休养老规划

学习目标

1. 掌握退休规划的基本工具。

2. 熟悉退休规划的影响因素和原则。

3. 了解退休规划的流程。

4. 理财规划师要学会搜集客户退休养老方面的信息，灵活运用退休养老工具，为客户提供咨询服务。

5. 根据退休规划的目标，制定退休规划方案。

专业术语

养老保险制度；企业年金制度

案例导入

退休规划尤其重要

人的一生，退休规划应该是所有理财规划中涉及期间最长、资金需求最大的一个重要规划。退休规划的灵活性相对较差，拆借空间相对较小。如果养老资金不足，唯一可能解决的方式就是老人由子女或社会来供养。随着中国进入老龄化社会，子女供养人数相对增加，退休后如果想过一个更幸福的晚年，那么退休规划显得尤其重要。

基于目前养老金的合计比例最高也只能是正常生活水平的60%左右，退休前后收入差了大约40%的现状，会投资和不会投资的养老结果大不相同。很多上班族趁年轻就该有根“养老筋”，只有未雨绸缪，提前做好退休规划才能确保晚年生活无忧。除了固定的工资收入，年轻人一定要有投资理财的意识，至少通过一定的理财产品配置跑赢GDP，跑赢通胀，不要让资产贬值。换而言之，有意识地为子女进行教育规划之余，也要更早地、更多地为多年后的养老去做一定的准备。

养老规划如同盖房。社会基本养老保险是用来给房子打地基的，商业保险能为房子添砖加瓦，人一生中储蓄的财富可以使房子安稳加固，利用相应的各种投资工具给房子进行精装修。那么这样的养老房一定能舒服、美观、实用，退休后有闲也有钱并不是梦想！

启示：退休养老规划是金融理财规划的重要组成部分，为了保证客户在将来有一个自立的、有尊严的、高品质的退休生活，可以从现在开始积极实施理财方案。合理而有效的退休养老规划不但可以满足退休后漫长生活的支出需要，保证自己的生活品质，抵御通货膨胀的影响，而且可以显著增加个人的净财富。

第一节 收集客户信息

退休养老规划实际上就是协调即期消费和远期消费的关系。可以假定，在22岁之前，每个人的支出大于收入；在22岁至60岁之间，收入大于支出，此时事业正处在上升期，于是产生了一些盈余；在60岁之后，由于已经退休，因此，支出大于收入，形成亏损。而退休养老规划就是让盈余来弥补亏损的过程，需要考虑以下几个因素：家庭结构、预期寿命、退休年龄、退休后的资金需求、退休后的收入状况、客户现有资产情况、通货膨胀率以及退休基金的投资收益率等。

一、家庭结构

家庭组织是我国社会的轴心，家庭和社会是息息相关的。现代社会，需要的是小家庭，3～4人的规模，它不希望老老少少一大家子，这样既不利于职业的流动，也不能适于生活水平的提高。父母、一到两个孩子的核心家庭，成为所有工业社会中家庭模式的标准典型，由大家庭转向小家庭也是农业社会转向工业社会的基本特征。家庭结构和规模的变化对退休养老规划有重要的影响，就中国目前的情况而言，尤其是20世纪80年代后的家庭大多是三口之家。子女目前生活压力较大，很多父母并不指望孩子有足够的费用为自己养老，“养儿防老”的理念悄悄地发生了变化，尽早做好退休养老规划变得十分必要。

资料卡：

丁克家族

丁克家族，是英文DINK（Double Income No Kids）的音译，意思是双收入却不要孩子。丁克家庭的夫妇主张摆脱传统婚姻生活中传宗接代的观念，更倾向于过有质量的、自由自在的“二人世界”生活。对于大多数中国年轻人来说，这个词汇早已不再陌生，当今社会，丁克家庭在城市青年尤其是白领夫妇中的比例有逐渐增加之势。丁克家族不要孩子的主要理由是不愿意一辈子为子女操劳，奉献一切，想尽情地享受二人世界。丁克家族，只是家庭形式的变化，而不是家庭性质的变异。丁克家族的出现，向传统的家庭提出了挑战，并暗示着建立一种新的家庭关系与生活方式的可能性。

二、预期寿命

人们的预期寿命是退休养老规划中首先要考虑的问题，预期寿命长，则应多准备退休基金的储备；预期寿命短则应少准备退休基金的储备。若退休后的实际余寿大于准备退休基金覆盖的年份，那么就产生了风险。

根据中国保监会2005年12月31日颁布的《中国人寿保险业经验生命表（2000－2003)》，非养老金业务男性平均寿命为76.7岁，较原生命表提高了3.1岁；女性平均寿命为80.9岁，较原生命表提高了3.1岁。养老金业务男性平均寿命为79.7岁，较原生命提高了 4.8 岁；女性平均寿命为 83.7 岁，较原生命表提高了 4.7 岁。当具体到为某个人预期寿命的时候，除了要了解某一时期全国范围的预期寿命，还应了解这一时期内，客户所处地区的预期寿命以及影响客户寿命的其他因素，如身体状况和家庭疾病史等情况。

资料卡：

什么是生命表？

通常以 10 万（或 100 万）人作为 0 岁的生存人数，然后根据各年中死亡人数，各年末生存人数计算各年龄人口的死亡率、生存率，列成表格，直至此 10 万全部死亡为止。生命表上所记载的死亡率、生存率是决定人寿保险费的重要依据，是反映一个国家或者一个区域人口生存死亡规律的调查统计表，即追踪一批人，逐年记录该人群的死亡人数，得到该人群从出生到死亡为止的各年龄死亡率，并进一步构成表格式模型，称为生命表。

三、退休年龄

退休时间早，则退休生活时间长，工作时间少，也即消耗养老基金的时间长，积累养老基金的时间少。国家法定的企业职工退休年龄是男年满 60 周岁；女工人年满 50 周岁，女干部年满 55 周岁。从事井下、高温、高空、特别繁重体力劳动或其他有害身体健康工作的，退休年龄男年满 55 周岁，女年满 45 周岁。因病或非因工致残，由医院证明并经劳动鉴定委员会确认完全丧失劳动能力的，退休年龄为男年满 50 周岁，女年满 45 周岁。

资料卡：

渐进式延迟退休方案

渐进式延迟退休方案即是采取较缓而稳妥的方式逐步延长退休年龄。渐进式延迟退休方案 2017 年正式推出。该方案推出至少 5 年后（正式实施最早要到 2022 年），再渐进式实施。届时，每年只会延长几个月的退休时间，直到达到法定退休年龄。

推出理由：

我国目前的法定退休年龄是在中华人民共和国成立初期确定的，当时人均预期寿命只有 40 岁左右（当时的社会背景统计）。60 多年来我国经济社会发展，人口数量、结构和预期寿命都发生巨大变化，有必要对退休年龄做出调整。

实施方法：

如何实施延迟退休？一是会根据国家人口老龄化趋势和劳动力状况把握调整的节点和节奏；二是将“小步徐趋、渐进到位”，每年只延长几个月的退休时间，经过相当长的时间过渡，再达到法定退休年龄；三是会有社会预告，让大家有心理预期。

对于延迟退休提出的方案：

第一，从 2015 年开始，1965 年出生的女性职工和居民应当推迟 1 年领取养老金，1966 年出生的推迟 2 年，以此类推，到 2030 年实现女性 65 岁领取养老金。

第二，从2020年开始，1960年出生的男性职工和居民推迟6个月领取养老金，以此类推，到2030年实现男性职工和居民65岁领取养老金。

四、影响退休养老规划的其他因素

影响退休养老规划的其他因素包括退休养老规划的使用工具、退休基金的投资收益率、通货膨胀率、客户现有退休养老资产等。

退休养老规划方案的制定实际上也是估算退休后资金需求、退休后收入状况，测算退休后资金缺口，并在退休前积累退休资金的过程。退休后的收入来源渠道：基本养老保险金、企业年金、商业性养老保险的养老金、投资收益等。这些收入渠道成为制定退休养老规划必须考虑的对象。

这里的退休基金是指个人为储备退休基金而自己建立的退休基金，并非通常所说的社保基金。在保持安全的情况下，应当追求一定的收益率，特别是通货膨胀率较高的情况下，保持一定的收益率更为重要。

由于通货膨胀率的存在，目前100元所购买的货物在几十年退休后以100元显然是买不到的。因此，考虑退休后资金需求的时候必须考虑到通货膨胀率的存在。

不论客户是通过继承方式获得现有资产还是通过后天努力获得的资产，这些资产均构成了退休养老规划的资产组成部分。

五、工作程序

第一步：了解客户的退休养老需求。退休养老的需求决定退休养老规划方案的设计。

第二步：对信息进行分类。理财规划师应当引导客户提出退休养老需求，然后根据客户提出的需求明确拟了解的信息的类型和内容，在此基础上，理财规划师可以根据拟获取的信息的类型和内容，有针对性地设定取得这些信息的具体方式。

第三步：对客户个人信息的收集与整理。理财规划师通过客户填写的调查表，了解客户的资产负债状况和现金流量状况。

第二节　提供咨询服务

一、我国养老理念及退休规划的必要性

（一）我国养老理念

养老问题对于每个人来说是一个不可回避的问题，在生产力发展不同水平上和不同的社会时代有着不同的解决方式和内容。从古至今可概括为三方面的内容：一是满足老年人的物质生活需要，包括衣食住行用及医疗等方面的需要。二是劳务服务的需要，老年人随着年事的增高，生活自理能力日益下降，需要有专门的人员或相对固定的人员为其进行生活服务。三是精神安慰，需要社会和家庭为其提供情感交流的环境和条件。

在工业化社会以前，人们生存环境在自然经济状态下，家庭是人们生产生活的主要活动场所，养老也只能由家庭来完成，老年人所有的需要都由家庭来满足，劳务服务也是由子女完成，“养老送终”成为晚辈对长辈不可推卸的责任。这种“养儿防老”的理念在我

国尤其在农村仍然是根深蒂固的。

工业社会之后，社会养老的理念逐步盛行。社会养老就是通过政府立法建立正式的规范化的制度，为老年人的物质生活、劳务服务和精神文化生活等方面提供全面的保障和服务。如我国目前建立的城镇企业职工基本养老保险制度，就是社会养老的模式。

（二）退休养老规划的必要性

退休养老是每个人都要经历的人生过程，通常，人在年轻时应该拼命赚钱，以便退休以后能过上舒适的晚年生活。在现实中有很多因素会对退休以后的生活水平产生影响，因而产生了对退休养老规划的需求。

1. 预期寿命的延长

随着科学技术的日益进步，人的寿命越来越长，但退休年龄却没有明显推迟，因此也就意味着退休后将有一段越来越长的退休生活。为了维持退休生活的质量不会因寿命的延长而下降，就必须提前准备更多的储备资金。

2. 提前退休

有的人会因某种原因而提前退休。比如，对工作产生了厌恶情绪，工作过于劳累，健康状况不佳，家庭问题或者为了提前享受等。此外，在经济不景气或企业经济不佳的条件下，雇主可能出于降低成本的需要而推出提前退休养老规划鼓励员工提前退休。

3. 社会保障与养老资金紧张

虽然每个职工在正常工作期间都按照国家的规定按时、足额缴纳各种社会保障和养老金，但在某些情况下，社会保障和养老金也可能会出现资金紧张的情况。例如，我国人口老龄化现象非常严重，老年人口的比重越来越高。我国第六次人口普查资料显示，65 岁以上的人口有 1.18 亿左右，占总人口的 8.87%，占全球老年人口的 20%，说明我国已经进入老年社会，成为世界上老年人口最多的国家。这给我国的社会保障工作带来沉重的负担。

4. “养儿防老”的理念不可行

据专家预测，我国在 2020 年 65 岁以上人口将达到 1.7 亿，占总人口比例将近 12%。而我国的家庭结构基本上是“四、二、一”，若四代人同堂的话，有些家庭结构就会成为“八、四、二、一”。在这种情况下，年轻人的负担确实太重。所以，“养儿防老”的理念已经不可行了。

5. 其他不确定因素

人的一生会遇到很多不确定因素，例如，通货膨胀会降低生活质量，家庭成员的身体状况会造成巨额支出，金融危机也会影响到每一个人的收入和支出，医疗保险制度的变化会波及每一个人的医疗支出等。

建立养老退休规划是一生中很重要的事情。面对以上种种不利因素，应该持谨慎态度，通过对个人的财务资源进行正确的规划，以满足退休以后的生活需要。如果退休规划制定的合理并且能够顺利进行，那么未来的退休生活就能得到基本保障，甚至会获得比较优厚的回报；反之，则会面临非常大的风险。

二、社会养老保险的基本知识

（一）含义

社会养老保险是国家和社会根据一定的法律、法规，为解决劳动者在达到国家规定的解除劳动义务的劳动年龄界限，或者因为年老丧失劳动能力退出劳动岗位后的基本生活而建立的一种社会保障制度。社会养老保险是社会保障制度的重要组成部分，是社会保险最重要的险种之一，包括三个层次含义：

① 社会养老保险是在法定范围内的老年人完全退出或基本退出社会劳动生活后才自动发生作用的。所谓“完全”是指以劳动者与生产资料的脱离为特征的；所谓“基本”是指参加生产活动已不成为主要社会活动内容。

② 社会养老保险的目的是为保障老年人的基本生活需求，为其提供稳定可靠的生活来源。一般来讲，养老的内容有三个层次：第一层次是物质生活（最基本），即衣食住行；第二层次是劳务服务，如需要专人提供生活服务；第三层次是精神安慰、情感交流。

③ 社会养老保险是以社会保险为手段来达到保障的目的。一般有以下几个特点：一是由国家立法，强制实行，企业单位和个人都必须参加，符合养老条件的人，可向社会保险部门领取养老金；二是社会养老保险费用来源，一般由国家、单位和个人三方或单位和个人双方共同负担，并实现广泛的社会互济；三是社会养老保险具有社会性，影响很大，享受人多且时间较长，费用支出庞大，因此，必须设置专门机构，实行现代化、专业化、社会化的统一规划和管理。

（二）基本原则

社会养老保险是整个社会保险体系的核心。由于世界各国的政治、经济和文化背景不同，社会养老保险模式也有较大差异，但遵循的原则大体一致，主要有如下几条：

1. 保障基本生活

这一原则更多强调社会公平，有利于低收入阶层。一般而言，低收入人群基本养老金替代率（指养老金相当于在职时工资收入的比例）较高，而高收入人群的替代率则相对较低。

2. 公平与效率相结合

这一原则强调养老保险待遇水平既要体现社会公平，又要体现个体之间的差别，在维护社会公平的同时，强调社会养老保险促进效率的作用。

3. 权利与义务相对应

这一原则要求参保人员只有履行规定的义务，才能享受规定的社会养老保险待遇。这些义务主要包括依法参加社会养老保险，依法缴纳社会养老保险费并达到法定的最低缴费年限。社会养老保险待遇以养老保险缴费为条件，并与缴费的时间长短和数额多少直接相关。

4. 管理服务社会化

这一原则要建立独立于企业、事业单位之外的养老保险制度，就必须对养老金实行社会化开放，并依托社会开展退休人员的管理服务工作。

5. 分享社会经济发展成果

这一原则要求必须建立养老金调整机制，使退休人员的收入水平随着社会经济的发展和职工工资水平的提高而不断提高，以分享社会经济发展的成果。

（三）模式

1. 按筹集资金的方式分类

（1）现收现付式

它是指当期的收入全部用于支付当期的养老金的开支，不留或只留很少的基金，即靠后代养老的模式，上一代人并没有留下养老的储备基金，依靠代与代之间的收入转移来进行养老。

（2）基金式

分为完全基金式和部分基金式。完全基金式则是完全依靠自我进行养老的一种模式，不存在代与代之间的转移，即每一人都是靠自己工作期间积累的养老金养活自己。部分基金式的养老则是一部分基金依靠自我积累、一部分基金依靠下一代人的方式。

2. 按资金征集渠道分类

（1）国家统筹养老

工薪劳动者在年老丧失劳动能力后，均可享受国家法定的社会保险待遇，但是国家并不同劳动者本人征收养老资金，全部资金来源于财政。但资金来源过于单一，国家的财政负担非常沉重，劳动者并不付费的方式造成责权关系不明确，无法与劳动者的贡献挂钩等。

（2）强制储蓄养老

养老基金来源于企业和劳动者双方，国家不进行投保资助，只是给予一定的优惠政策。在经济发展水平不高的国家，企业和职工缴费的积极性不高，容易造成资金短缺。

（3）投保资助养老

基金来源于国家、企业、劳动者三方，这种方式在大多数国家得以实行。资金来源比较丰富，容易调动企业和职工的积极性，基金容易积累。但管理资金的难度比较大，因为社会覆盖层面宽。

（四）我国的基本养老制度

我国的社会养老保险制度是在中华人民共和国成立后建立起来的，目前已经从现收现付制逐步转向以个人账户为基础的部分基金制。我国基本养老金由基础养老金和个人账户养老金组成。企业缴费的比例不超过企业工资总额的 20%，不记入个人账户。目前，实行 2005 年 12 月发布的《关于完善企业职工基本养老保险制度的决定》（以下简称《决定》），其有以下主要内容：

① 覆盖范围仍然不够广泛。养老保险的覆盖范围包括城镇各类所有制企业，即国有企业、集体企业、私营企业、股份制企业、外商投资企业的职工以及个体户的帮工，都必须参加。虽然个体工商户本人、私营企业主、自由职业者也可以参加社会养老保险。目前，仍然有部分个体工商户和灵活就业人员还没有参加保险。

② 从 2006 年开始，个人账户的规模一律为个人工资的 8%，全部由个人缴费形成，单位缴费不划入个人账户。

《国务院关于建立统一的企业职工基本养老保险制度的决定》中规定，按照“新人新制度、老人老办法、中人逐步过渡”的方针实行养老金的发放。

关于“新人”：在《国务院关于建立统一的企业职工基本养老保险制度的决定》实施后参加工作的参保人员属于“新人”，缴费年限满 15 年，退休后将按月发放基本养老金。基本养老金水平与缴费年限的长短、缴费基数的高低、退休时间的早晚直接挂钩。基本养老金由基础养老金和个人账户组成。退休时的基础养老金月标准按照当地上年度在岗职工月平均工资和本人指数化月平均缴费工资的平均值为基数，缴费满 1 年的计发 1%。个人账户养老金月标准为个人账户储蓄额除以计发月数，计发月数根据职工退休时城镇人口平均预期寿命、本人退休年龄、利息等因素确定。

按照基本养老金的计发办法，参保人员多缴费 1 年，养老金中的基础部分增发 1 个百分点，上不封顶，形成“多工作、多缴费、多得养老金”的激励机制。

关于“中人”：在《国务院关于建立统一的企业职工基本养老保险制度的决定》实施前参加工作、实施后退休的参保人员属于“中人”。由于以前这部分人的个人账户的积累比较少，缴费年限满 15 年后，退休后在发给基础养老金和个人账户养老金的基础上，再发给过渡性养老金。

关于“老人”：在《国务院关于建立统一的企业职工基本养老保险制度的决定》实施前就已经退休的参保人员属于“老人”，他们仍然按照国家原来的规定发给基本养老金，同时随着基本养老金调整而增加养老保险待遇。

③ 城镇个体工商户和灵活就业人员都要参加基本养老保险，缴费基数统一为当地上年度在岗职工平均工资，缴费比例为 20%；城镇个体户和灵活就业人员退休后按企业职工基本养老金计发办法发放养老金。

④ 建立基本养老金正常调整机制。退休人员的养老金要随着国家基本养老金水平的调整而调整，即根据工资和物价水平的变动，随时调整退休人员的养老金水平，以便使老年人共享社会发展成果。

三、企业年金的基本知识

（一）含义

国际劳工组织对年金的定义：员工在年老、死亡、残疾时，由社会保障制度给予长期、定期的现金支付。在我国，企业年金实际上是指企业及职工在依法参加基本养老保险的基础上，自愿建立的补充养老保险制度，是企业在国家宏观指导下、由企业内部决策执行，是多层次养老保险体系的组成部分。

大多数国家的养老保险体系由三部分构成，即基本养老保险、企业年金和个人储蓄性养老保险。三者的设立主体不同，基本养老保险由国家设立，企业年金是一种企业化形式，个人储蓄性养老保险是个人行为。

（二）特征

1. 非营利性

企业年金以对企业职工提供保障或福利为目的，但它不及基本养老保险保障范围普遍，覆盖面较窄，只有经济效益好的企业才具有发展企业年金的客观条件。企业年金是养老保险的重要补充部分。

2. 企业行为

企业年金是企业为职工提供的一种额外福利，它既是一种福利保障，也可以使职工更大程度地参与企业管理和企业效益分配，更重要的意义在于它增强了职工的凝聚力和向心力。

3. 政府鼓励

企业年金是自愿行为，但由于其可以承担一部分社会保障的责任，政府应予以税收优惠。

4. 市场化营运

企业年金的缴费人及受益人享有账户资金投资决策权、委托权；企业年金计划实行市场运营，其账户资金可以通过市场运作达到保值增值的完全积累目的。这表明，企业年金的各个行为主体都是企业年金市场的竞争主体，一切都应按照市场规则运行。

（三）意义

1. 减轻国家养老负担压力的需要

我国目前基本养老保险“缺口”严重，替代率有逐步下降的要求，而个人储蓄性养老保险由于缺乏详细的财务规划和相对完备的法规体系支持，难以作为养老收入的主要来源，因此，企业年金将成为很多职工退休后最重要的收入来源。

2. 增强企业凝聚力和竞争力的需要

企业年金是在自愿基础上建立的一种新型企业激励机制，它与企业员工的工龄、岗位有关，对固定员工具有一定的吸引力，是联系企业与员工长期经济关系的基本桥梁。企业年金制度着眼长远，在企业与员工之间建立长期紧密联系，增强企业与员工的凝聚力，并能在一定程度上有助于吸纳优秀人才、调动企业员工的生产积极性，提高企业生产率。

3. 推动资本市场发育，促进经济发展的需要

企业年金作为资本市场上最重要的机构投资者之一，能极大地改善资本市场的投资者结构。由于它具有注重专家理财、组合投资、分散风险、长期回报等特点，能减少市场上的过度投机，促进资本市场健康稳定发展。

4. 促进我国各类金融机构从分业经营向混业经营过渡的需要

企业年金基金运作是在一个开放性的市场上进行，凡是符合条件的各类金融机构都可以进入这一市场，银行、证券公司、保险公司、基金管理公司以及信托投资公司等，都是这一市场的重要参与者，这为金融机构的发展开拓了新的道路，同时也为我国金融业从分业经营、分业管理体制向混业经营、混业管理体制过渡提出了新的挑战。

（四）我国企业年金现状

1. 企业年金的费用由企业和职工双方共同缴纳

企业缴费每年不超过本企业上年度职工工资总额的1/12，企业和职工个人缴费合计一般不超过本企业上年度职工工资总额1/6。所以，我国企业年金的管理办法主要是控制企业和个人总的缴费规模，并不要求企业比职工多缴费用，这主要是因为我国基本养老保险缴费中企业负担比例远远大于职工。

2. 企业年金基金实行完全积累，采用个人账户进行管理

即企业和个人缴费、年金的投资运营收益都计入个人账户。职工达到退休年龄退休后，可以从本人年金账户中一次或定期支取。没有达到退休年龄的，不得提前支取。职工变动工作单位时，企业年金个人账户资金可以随同转移。

3. 应确定年金基金的受托人

企业年金应与受托人签订合同，一方为企业，一方为受托人，企业年金基金必须与受托人、账户管理人、投资管理人、托管人的自有资产分开，即对企业年金实行单独管理，实行养老基金的管理模式。

企业年金的受托人可以是企业成立的企业年金理事会，也可以是符合国家规定的法人受托机构。企业年金理事会由企业和职工代表组成，其中职工代表不少于1/3。

四、商业养老保险的基本知识

（一）含义

商业养老保险是指个人自愿地为实现老年收入保障提前进行的养老积累行为。通常有两种方式，即银行储蓄和购买商业养老保险（主要是年金保险）。年金保险是人寿保险的一种，与养老的关系最为密切。

（二）意义

1. 发展商业养老保险有利于完善社会保障体系

保险作为一种有利于社会稳定的制度安排，被称为“稳定器”。从世界范围来看，基本社会保险、企业补充保险和商业保险构成了一个国家养老与健康保障体系的三大支柱，越来越多的人开始把商业保险作为解决养老医疗等问题的有效手段。

2. 发展商业养老保险有利于促进我国经济增长方式的转变

商业养老保险是一种市场化、社会化的养老风险管理机制，通过这种机制，能够有效降低养老风险，减少人们的不安全感，刺激家庭消费，从而促进经济的增长，实现消费和投资的平衡增长。

3. 发展商业养老保险有利于优化我国金融市场结构

由于商业养老保险的周期长、资金量大、来源稳定，形成金融市场中重要的融资渠道，为国民经济建设提供大量长期的资金支持，促进金融资源的优化配置。

（三）选择养老产品应注意的因素

1. 价格因素

对于价格，“适合自己的才是最好的”，所以应根据自己的需求做出自己的选择。目前，各保险公司的产品价格存在差异，但差异不大。

2. 非价格因素

（1）保险公司的偿付能力

保险实质是对未来的一种承诺，应考虑当发生事故或者需要给付时，你选择的保险公司是否能顺利履行承诺。因此，我们应该选择那些实力比较雄厚、经营相对稳定、管理较为规范的保险公司。这就需要我们平时多关注中国保监会对保险公司的信息披露，及时了解有关信息。

（2）保险公司的服务质量

保险公司是否能够在发生保单理赔给付时提供及时周到的服务，保险公司的服务态度、技术条件以及在民众中的口碑都可以作为选择保险公司时的重要参考指标，以便能够及时得到赔款。

（3）保险公司的网络机构

网络机构的多少一方面可反映其业务规模和经营能力的大小，另一方面也能反映出其客服能力的强弱。所以，应该尽量选择那些网络机构分布比较广泛的公司，以便在异地发生事故时可以比较顺利地享受到保险服务。

（4）保险公司的经营特长

每一家保险公司都对客户群进行了细分，每家公司在经营特定保险产品方面的优势不同，所以，应选择那些在自己所需的产品方面有优势的公司。

五、退休养老的其他工具

（一）养老信托

养老信托是指由委托人与受托人签订信托契约，约定将信托资金一次交付给受托人，由受托人依照委托人的指示，挑选适当的金融产品作为投资组合，在约定的信托期内，由委托人指定的受益人领取本金或孳息，信托期满再由受托人将剩余的信托资产交付受益人的一种信托行为。信托财产主要有基金、存款、股票等金融工具。不是每个人都有管理资产的才能，不擅长进行投资，导致自己的财产找不到合适的投资项目，所以通过信托的方式将资产交给他人管理，可以实现财产增值的目的。

资料卡：

养老信托资金

张先生是一名医生，开了一家诊所，医术精湛，平时的收入比较可观，在一次手术中出现意外，造成病人严重瘫痪，病人起诉要求医院赔偿。法医认定属于医疗事故，总计需要赔偿 300 万元作为病人后续的治疗费用。

建议的解决方式：如果张医生与某机构建立信托关系，平时多余的钱存入信托机构，约定 60 岁后领取固定的生活费用，由受托人根据张医生的指示管理这部分信托财产，则张医生就可以专心从事医疗事业，即便是对病人做出医疗赔偿后，自己家庭的生活也有最基本的保障。

（二）以房养老

“以房养老”即住房反向抵押贷款，又叫“倒按揭”，指已经拥有房屋产权的老年人将房屋的产权抵押给银行、保险公司等，该金融机构对借款人年龄、寿命、房屋的现值、未来的增值折现情况以及借款人去世时房产的价值等进行综合评估，按照评估价值减去预期的折损和预支利息，将房屋的价值化整为零，分摊到预期寿命的年限中，按月或年支付现金给借款人，直至借款人去世。借款人去世后，相应的金融机构获得房屋的产权，进行销售、出租或拍卖，其所得用来偿还贷款本息，相应金融机构获得房产的增值部分。

六、国家基本医疗保障体系

（一）劳保医疗

根据 1952 年颁布的《国家工作人员实行公费医疗预防的指标》，中国公费医疗保险包括以下主要内容：

① 医疗待遇包括工作人员因患病、负伤、生育，在指定医院治疗所需医、药、检查、住院费及路费，均由医疗保险办公室负担。

② 医疗津贴，在 6 个月以内工龄满 10 年的为本人工资的 100%；超过 6 个月者由劳动保险基金出资。

③ 其余内容除没有对家属支付 50% 医疗津贴以外，与劳保医疗保险法律规定基本相同。

20 世纪 60 年代，我国开始在农村推行医疗保险制度。合作医疗保险在农村因地制宜地以不同形式发展起来：①村办村管合作医疗保险；②村办乡管合作医疗保险；③乡、村联办合作医疗保险；④乡办乡管合作医疗保险，即农民、集体经济和乡政府组织共同筹集资金，乡政府实施统一管理。

我国公费、劳保医疗制度是适应中华人民共和国成立以后实行的计划经济体制需要建立的城镇职工医疗保障制度。这种制度在计划经济体制下对保障职工身体健康、促进经济发展、维护社会稳定发挥了重要的作用。但由于其制度弊端，使之既不适应市场经济体制的需要，也不适应我国社会主义初级阶段的基本国情。

（二）国家基本医疗保险

2011 年 7 月 1 日起正式实施的《社会保险法》，确立了我国社会保障体系的基本框架。其中规定：我国的基本医疗保险包括职工基本医疗保险、新型农村合作医疗保险和城镇居民基本医疗保险。下面重点介绍的是我国的城镇职工基本医疗保险。

1. 城镇职工基本医疗保险主要内容

城镇职工基本医疗保险制度坚持“广覆盖、低水平”、费用分担、属地化管理等基本原则，具体内容如下：

① 城镇所有用人单位，包括企业、机关、事业单位、社会团体、民办非企业单位及其职工都要参加基本医疗保险；乡镇企业及其职工、城镇个体经济组织业主及其从业人员是否参加基本医疗保险，由各省、自治区、直辖市人民政府决定。

② 实行属地化管理，基本医疗保险原则上是以地级以上行政区（包括地、市、州、盟）为统筹单位，也可以县（市）为统筹单位，北京、天津、上海等直辖市原则上在全市范围内实行统筹。

③ 建立基本医疗保险统筹基金和个人账户，强调政府责任和个人义务的结合。

④ 采取有效措施控制医疗费用的过快增长，实行定点医疗机构和定点药店管理。

2. 城镇职工基本医疗保险资金筹集

基本医疗保险费由用人单位和职工共同缴纳。用人单位缴费率控制在职工工资总额的 6%左右，职工缴费率一般为本人工资收入的 2%。随着经济发展，用人单位和职工缴费率可作相应调整。

个人缴费全部计入个人账户，用人单位缴纳的基本医疗保险费分为两部分，一部分用于建立统筹基金，一部分划入个人账户。划入个人账户的比例一般为用人单位缴费的 30%左右，具体比例由统筹地区根据个人账户的支付范围和职工年龄等因素确定。

医疗保险对薪酬的扣除：个人薪酬－个人薪酬×2%＝当期薪酬。

医疗保险个人账户积累：个人医疗保险账户＝个人薪酬×2%＋企业缴费划拨部分。

3. 城镇职工基本医疗保险待遇支付

根据《关于建立城镇职工医疗保险制度的决定》的规定，统筹基金和个人账户要划定各自的支付范围，分别核算，不得互相侵占。该决定确定了统筹基金的起付标准和最高支付限额：

① 起付标准原则上控制在当地职工年平均工资的 10%左右，即超过这个水平的医疗费用可以由社会统筹基金支付，个人分担 10%左右；起付标准以下的医疗费用，从个人账户中支付或由个人支付。

② 最高支付限额原则上控制在当地职工年平均工资的 4 倍左右，即超过这个水平的医疗费用社会统筹基金不再支付；可以由企业补充医疗保险计划支付，或通过购买商业医疗保险等途径解决。

③ 在固定的药品目录和设备使用目录以外发生的医疗费用，社会统筹基金不予支付。由此可见，基本医疗保险不承担全部医疗费用，用人单位或个人要分担支付范围外其余的医疗费用。

第三节　退休养老规划方法

一、影响退休规划的客观因素

在进行退休规划时，应考虑到各种影响因素，其中主要包括以下内容：

（一）退休时间

有的人因为身体状况欠佳、工作太过劳累等原因想提前退休，这就意味着工作时间减少，劳动报酬减少，可用于退休以后生活的资金减少了，而退休生活的时间延长却需要较多的资金支持。

（二）性别差异

一般来讲，女性的寿命比男性要长，所以女性就需要更多的资金为日后的退休生活做准备。在中国，一个 55 岁退休的女性预计可再活 22 年，如果没有足够的储蓄来维持生活的话，她的退休生活就会受到影响。

（三）人口结构

目前，我国人口老龄化严重，已经成为世界上老年人口最多的国家，老年人口比重在不断上升，有的人认为已经给社会造成不小的压力。而且老龄化带来了一定的经济问题，养老基金目前已经出现“空账”运行的状态，随着老龄化的到来，社保基金支出会继续增加，所以要提前进行养老规划。

（四）经济运行周期

经济繁荣对积累退休基金是有利的，反之则是不利的。但对于已经退休的人来讲，经济周期的变动会对他的退休生活产生影响，此时他又没有能力获得其他的收入，所以要提前做好准备。

（五）利率及通货膨胀的长期趋势

利率对投资有着直接的影响，甚至是最关键的因素，利率的变动又和物价联系在一起，所以利率的变动同样会影响退休生活。

二、建立退休养老规划的原则

（一）及早规划原则

储备退休以后的生活费用，就要减少年轻时的支出，所以退休规划的制定实际上就是调整即期消费和远期消费的关系。如果要提高退休以后的生活质量，就要减少现在的消费支出，同时还要提高现在的投资收益。例如，张三在 22 岁至 27 岁之间每年拿出 2000 元进行投资，假定投资回报率为12%，在28岁至62岁之间不再进行投资，则6年的投资总额在62岁时可以增值到856957元。而李四在28岁至62岁之间每年拿出2000元进行投资，投资回报率仍然为12%，从28岁至62岁的35年之间的投资额，在62岁时可以增值到863327元。比较两个人的投资方法，张三只投资了6年，总计金额12000元，李四投资了35年，总计投资额70000元，最终的结果却相差无几。所以可以得出结论，退休规划准备得越早，越可以达到事半功倍的效果。

（二）弹性化原则

退休规划的制定要结合自己的实际情况，不能好高骛远。要根据自己的收入水平、身体状况等制定适合自己的目标。如果出现意外状况，可以调整原来的计划，例如推迟退休时间、降低退休生活质量、提高投资收入等。制定切实可行的方案，同时，退休养老规划要具有弹性或缓冲性，以随时作出相应的调整。

（三）退休基金使用的收益化原则

养老资金对每一个人来说都非常重要，它关系到退休以后的生活支出问题，所以应本着谨慎的原则慎重使用。目前大多数人将资金进行储蓄，但这不意味着不追求高收益。最理想的方法就是在稳健性和收益性之间寻求折中的方案，在保证稳健性的前提下，实现最大的收益。

（四）谨慎性原则

未来的生活中有太多不确定因素，要尽量多估计退休以后的支出，少估计退休后的收入，才能在退休以后过上“知足”“享受”的生活，也才能使退休以后的生活有更多的财务资源。

三、退休养老资金的计算

（一）预测退休收入

客户的生活最终要以一定的收入来源为基础，一般的退休收入包括社会保障、企业年金、商业保险、投资收益、兼职工作收入等。在预测退休收入时，首先预测退休收入在不同时间的额度，然后将其折现到退休的时刻，即考虑货币资金的时间价值。

【例10-1】 张某计划20年后退休，假设退休后能生存25年，并且估计退休后每年有4万元的退休金，如果折现到退休当年，张某能够得到多少退休金的现值（利率3%）？

解 假设每年是在年末得到4万元，则计算期限是25年，利率3%，年金4万元的年金现值为：

$$4000\times \text{年金现值系数}=40000\times 17.413=696520\ (\text{元})$$

即退休后每年的退休收入折现到退休时，现值为696520元。

退休后的收入实际上是退休后的生活保障，不同养老退休规划的工具一起构成了保障退休养老的不同“防线”。其中，保障退休生活的第一道“防线”应该是国家的社会保险制度，例如，我国企业职工退休后获得的职工基本养老保险金；第二道“防线”应该是企业的年金收入；第三道“防线”应该是商业性养老保险的保险金收入；第四道“防线”应该是个人储蓄的退休养老基金；第五道“防线”应该是房地产的变现收入。对不同的人来说，不同的“防线”有着不同的作用，有的人可能有这种保障，有的人可能就没有。例如，如果没有自己的住房，就没有住房的变现收入。

（二）计算养老资金缺口

通常情况下，退休后的资金需求与退休后收入的预测值之间存在差异，并且这个差异往往表现为预测的退休收入达不到退休后的资金需求。所以，在制定退休养老规划时，往往先用退休养老资金的需求（折现值）减去退休以后收入的折现值，就可以得到退休养老基金的缺口，简称“大缺口”。

退休资金的大缺口＝退休养老资金的需求（折现值）—退休后收入的折现值

由于职工在目前已经积累了一定数额的退休养老金，并且也在不断地投资增值，例如，存放在银行就会逐年得到银行存款利息，对外投资时就会得到投资收益，所以已积累的养老资金在退休时会产生增值，即退休时刻的终值。用上述计算方法计算出来的养老资金的缺口（“大缺口”），再减去已经积累的退休养老资金在退休时的终值，就得到了退休养老资金的小缺口，简称“小缺口”。

退休养老资金小缺口＝资金需求（折现）—退休收入（折现）—已有资金的积累（终值）

这个小缺口就是我们应该从现在开始积累养老资金要达到的目标。为了达到这一目标，我们可以采取定期定投的方式，也可以采取其他的方式储备退休养老资金。

（三）调整方案

随着实际生活中情况的变化，退休目标、资金需求以及预期的退休收入等都可能会发生变化，因此对于退休规划的方案可能需要随时作出调整。

调整的方法通常有提高储蓄的比例即降低目前的生活水平、延长工作年限即推迟退休时间、进行收益率更高的投资、减少退休后的支出即降低退休后的生活质量标准、退休后兼职工作、寻找收入更高的工作、参加额外的商业保险等途径，以对原来的计划进行修改。

1. 推迟退休时间

推迟退休时间即延长工作时间，这样做的结果是工资收入增加，提高了养老资金的保障程度，但缩短了休闲时间。

2. 改变每年的投资额

个人在工作期间可以通过提高每年的投资额，即增加每年投入的年金，在时间、利率不变的情况下，达到提高养老资金的目的。

【例 10－2】　李先生现年 40 岁，计划 60 岁退休，预计可以活到 85 岁。退休后每年需要 10 万元生活费用。他现在拿出 10 万元作为养老基金的启动资金，并且在每年年末投入一笔固定基金，假设退休前的投资回报率为 9%，退休后的回报率为 6%，则每年应投入多少资金？

解　首先，计算退休养老资金总需求，即计算期限 25 年、利率 6%、年金 10 万元的现值：总需求＝100000×12.7834＝1278340（元）。

其次，计算启动资金 10 万元的终值，即期限 20 年、利率 9%、10 万元的复利终值：届时的资金＝100000×5.6044＝560440（元）。

再次，计算资金缺口＝1278340－560440＝717900（元）。

最后，计算每年应投入资金，即计算期限 20 年、利率 9%、终值为 717900 元的年金：年金＝717900/51.160＝14032（元）。

如果该家庭没有 10 万元作为启动资金，则需要增加每年的投资额，即计算期限 20 年、利率 9％、终值 1278340 元的年金。年金＝1278340/51.160＝24987（元），即每年需要的投资额为 24987 元。

本章小结

退休养老规划是整个人生规划的重要组成部分。随着我国老龄化现象的日益严重，退休资金的规划日益成为每一个人必须面临的问题。本章主要阐述了以下内容：

首先，提醒大众早日将退休规划纳入议事日程，以免到老年时自己的生活受到影响。其次，对养老保险的基本常识有所了解，尤其是根据我国对基本养老保险的规定，确定自己是属于“新人”“中人”还是“老人”，以便制定适合自己的养老规划。如果企业建立了企业年金制度，则需要同时关注这部分内容，因为企业年金可以减少个人的养老负担，影响到养老资金的规划。最后，了解一下商业养老保险的内容，选择适合自己的方案。

本章还重点介绍养老资金需求的计算。计算步骤主要是：在确定退休时间、投资利率的情况下，首先计算养老资金的总需求；然后按照定期定投的方式计算每年需要投资的资金；如果目前个人能力不足，则需要根据个人的情况做出不同的选择，如延长工作年限、提高定期定投标准、降低目前的生活质量、降低退休后的生活质量等，或者集中方法同时运用，以达到满足养老需求的目的。

复习思考题

1. 退休规划的原则是什么？

2. 为什么人人需要做退休规划？

3. 针对我国目前的经济形势，分析现阶段年轻人做退休规划存在哪些问题。

4. 影响退休规划的因素有哪些？

5. 假如你的父母都有固定工作，收入比较稳定，应建议他们如何准备退休基金？如果你现年 25 岁，刚刚成家，处于工作蒸蒸日上时期，收入具有良好的前景，应如何准备退休基金？

第十一章　财产分配与传承规划

学习目标

1. 掌握基于抚养、赡养、夫妻债的财产分配问题。
2. 熟悉财产分配与传承规划方案的制定原则。
3. 能够运用公证、信托和遗嘱等财产分配与传承规划工具。

专业术语

抚养；赡养；公证；信托；遗嘱

案例导入

让财富永久流传——透视海外个人财产传承

随着近年来中国经济的蓬勃发展，中国内地富人数量也急剧增加，根据美林全球财富管理公司的《2009年世界财富报告》，中国内地的高资产净值富豪人数已经超过英国，跃居全球第四位，甚至有望在2013年超越北美。然而这一切，是在短短的20年内发生的，中国内地相关的财富管理工作却远没有跟上富豪们财富增长的脚步。特别是在其中关键的工作——财富传承上，中国实在是太缺乏与世界接轨的经验了。中国人有句俗语：富不过三代，而目前社会上关于富二代又有太多的负面消息。如何能够避免富不过三代，让自己辛苦创造的财富能永久流传下去呢？我们可以通过透视海外的个人财产传承来制定中国富人的财富传承规划。

财产分配与传承规划是金融理财规划中不可或缺的部分。从形式上看，制定财产分配和传承规划能够对个人及家庭财产进行合理合法的配置；从更深层次的角度看，财产分配与传承规划为个人和家庭提供了一种规避风险的保障机制，当个人及家庭在遭遇到现实中存在的风险时，这种规划能够帮助客户隔离风险或降低风险带来的损失。

第一节　基本内容

财产分配规划是针对夫妻财产而言的，是对婚姻关系存续期间夫妻双方的财产关系进行的调整。而财产传承规划是为了保证财产安全继承而设计的财务方案，确保这些财产能够按照自己的意愿实现特定目的。

在现实生活中，我们经常面临各种各样的财产分配与传承问题。例如：婚前双方共同供房，但房产证上写的是单方的名字，婚后房产的所有权界定问题；利用婚姻骗取巨额财产，与有钱人结婚，离婚时分得一大笔财产；转移夫妻共同财产也成为婚姻财产纠纷的新热点；财产传承方面的遗产争夺风波；继子女继承父母财产的问题；企业经营者的财产传承风险等。

在关于财产传承的继承人顺序方面，我国法律有明文规定。第一顺序继承人为：配偶、子女、父母；第二顺序继承人为：兄弟姐妹、祖父母、外祖父母。之所以这样划分是因为第一顺序继承人通常是最近的亲属，在法律上有相互扶养的法定义务；第二顺序继承人是近亲属，在法律上于一定条件下有相互扶养的义务。

一、基于抚养的财产分配问题

抚养问题是有子女的家庭进行财产分配时所必须考虑的问题，在夫妻离婚、家庭解体的情况下尤其值得深究。抚养问题一旦处理不好，不仅对夫妻在离婚时分割财产有影响，还会对离婚后的双方生活产生影响。

抚养通常是指父母对子女在经济上的供养和生活上的照料，包括负担子女的生活费、教育费、医疗费等。父母必须按照法律规定对未成年子女无条件地进行抚养，对不能独立生活的尚在校接受高等学历教育的子女，或者对因丧失或未完全丧失劳动能力等非主观原因而无法维持正常生活的成年子女在一定条件下也要进行抚养。

对于子女的抚养义务，不但存在于婚姻关系的存续期间，而且在婚姻关系破裂、夫妻双方已经离婚的情况下仍然存在。无论是子女随其生活的一方还是子女未随其生活的一方，都不能因婚姻关系的结束而终止对子女的抚养义务。因此，在夫妻进行财产分割时，要充分考虑双方对子女的抚养义务，抚养子女的一方应适当地多分配到一些财产；对于子女未随其生活的一方，应当向子女支付抚养费。根据我国相关法律的规定，抚养费包括生活费、医疗费、教育费等费用，而不仅指生活费。与之相关联，抚养费的支付方式及其存在的潜在风险也是影响财产规划的因素，所以在做理财规划时，也应有所考虑。当然，并不是所有的子女抚养问题都可以影响财产分配规则，子女抚养问题对财产分配的影响也不仅仅体现在子女本人的经济和生活上的照顾，还包括子女对外所欠的债务等。

二、基于赡养的财产分配问题

子女对父母的赡养义务是财产分配规划中要考虑的重要因素之一，赡养费是子女的必要支出。实际生活中这部分费用可能是确定的也有可能是不确定的。赡养问题及费用的争议有可能引发诉讼，甚至有被强制执行的风险。

赡养是指子女对父母的供养，即指在物质上或经济上为父母提供必要的生活条件。赡养父母是子女的法定义务，不得以放弃继承权或其他理由拒绝履行赡养义务。赡养的具体义务包括：

① 赡养人应当履行对老年人经济上供养、生活上照顾和精神上慰藉的义务，还应照顾老年人的特殊需要。

② 赡养人对患病的老年人应当提供医疗费用和护理。

③ 赡养人应当妥善安排老年人承包的田地、照管老年人所有的林木和牲畜等，收益归老年人所有。

成年子女对父母的赡养是无条件的，无论父母经济是否困难，有负担能力的子女都应当履行赡养义务，只是赡养数额上有多少之分。赡养义务的承担主体不仅包括婚生子女，也包括养子女与继父母形成抚养教育关系的继子女。我国《婚姻法》第二十六条规定："国家保护合法的收养关系。养父母和养子女间的权利和义务，适用本法对父母子女关系的有关规定。"因此，养子女对于养父母的赡养义务的内容与生子女对生父母的赡养义务相同。至于继子女对继父母有无赡养义务，要看双方是否形成了事实上的抚养教育关系。如果继父母与继子女未形成抚养教育关系，双方的关系就仅为姻亲关系，不发生父母子女之间的权利义务关系，继子女对继父母就没有赡养的义务；若形成了抚养教育关系，则继子女对继父母就有赡养的义务。

需要强调的是婚生子女、养子女、与继父母形成抚养教育关系的继子女之间的区别，下面具体介绍：

1. 婚生子女

婚生子女是指婚姻关系成立后，妻受胎后出生的子女。婚生子女，应具备以下四个要件：父母之间有婚姻关系存在；须为生父之妻所分娩；其受胎或出生是在婚姻关系存续期间；须为生母之夫的血统。

婚生子女具有以下法律地位：父母对子女有抚养教育的义务；子女对父母有赡养扶助的义务；父母有保护和教育未成年子女的权利和义务；父母和子女有相互继承遗产的权利。

2. 养子女

收养是根据法定的条件和程序领养其他人子女为自己子女的民事法律行为。收养行为是一种设定和变更民事权利、义务的重要法律行为，它涉及对未成年人的抚养教育、对老年人的赡养扶助以及财产继承等一系列民事法律关系。

收养这一法律行为的目的在于使没有父母子女关系的人们之间产生拟制的法律上的父母子女关系。一般说来，送养人为生父母或者其他监护人，收养人为养父和养母（单方收养时是养父或者养母），被收养人为养子或养女。收养行为一旦发生法律效力，便产生两个方面的法律效果：一是在收养人和被收养人之间产生法定的父母子女关系，二是对被收养人及其生父母之间的父母子女关系以及基于此的其他亲属关系同时消灭。由于收养法律行为可以导致当事人人身关系和民事权利义务的变化，所以法律对于收养行为一般均规定比较严格的条件，其中包括对收养人条件的规定、对被收养人条件的规定以及对被收养人的送养人条件的规定等。符合这些条件的当事人在自愿、平等、协商的基础上，达成收养协议，按照法律规定的程序报主管机关进行收养登记后，收养关系便产生法律效力。如果已经形成事实上的收养关系，应注意必须同时具备以下几个条件：

① 双方虽未办理收养的法律手续，但存在抚养教育、赡养扶助的事实；

② 双方以父母子女相称，亲朋也知道他们是养父母子女关系；

③ 养子女与其生父母的权利义务已经消除。

具备以上条件的，才能互相继承。

3. 继子女

配偶一方对他方与前配偶所生的子女，称作继子女。子女对母亲或父亲的后婚配偶，称作继父或继母。继父母子女关系是由于父或母再婚而形成的姻亲关系。

继子女继承继父母遗产的条件关键就是他们之间是否形成了扶养关系，只有在继子女受到继父母的扶养或扶助，经法律确认其形成了扶养关系时，继子女才有继承权。根据有关法律规定，继子女与继父母间的继承关系确定的具体条件有以下几个：继子女受继父母经济上的供养；继子女受继父母生活上的扶养、教育；继子女在经济上供养继父母；继子女在生活上扶助继父母。

在现实生活中，继子女与继父母之间的关系大致有如下几种情况：

① 前夫或前妻的子女与继父或继母长期生活在一起，形成了事实上的扶养关系，继子女与继父母之间的权利、义务关系与生父母子女关系相同，互有继承权。

② 生父母再婚时，子女已长大成人分居另过，或者其生父母再婚后，继子女并未与继父或继母共同生活，而由祖父母或外祖父母扶养教育成人。继子女对继父或继母没有尽过什么赡养义务，没有形成扶养关系，彼此之间也就不存在继承权问题了。

③ 继子女与继父母共同生活，但继子女的生活费用由其生父或生母供给一部分或全部；或者继父母对继子女尽了抚养、教育义务，而继子女未对继父母尽赡养义务。这种情况一般视为形成了扶养关系，但分配遗产时应根据情况适当减少份额。

继子女继承继父母的遗产，不妨碍其继承生父母的遗产。双方都有继承权。

继父母子女的法律地位：根据《婚姻法》第 27 条规定，继父母与继子女间不得虐待或歧视。继父或继母和受其抚养教育的继子女间的权利和义务，适用本法对父母子女关系的有关规定。可见，形成抚育关系的继父母子女间的权利义务，是完全等同于生父母与子女间的权利义务。

继父母子女关系的终止及效力：关于已形成抚育关系的继父母子女之间的权利、义务能否解除的问题，现行《婚姻法》未作明文规定。审判实践中，再婚婚姻关系存续期间，对于尚未成年的继子女与继父母的关系，原则上不能解除。最高人民法院《关于人民法院审理离婚案件处理子女抚养问题的若干具体意见》第 13 条规定："生父与继母或生母与继父离婚时，对曾受其抚养教育的继子女，继父或继母不同意继续抚养的，仍应由生父母抚养。"在通常情况下，受继父母抚育成人并独立生活的继子女，应当承担赡养继父母的义务，双方关系原则上不能自然终止。但是，如果双方关系恶化，经当事人的请求，人民法院可以解除他们之间的权利义务关系。但是，成年继子女须承担丧失劳动能力、生活困难的继父母的晚年生活费用。

资料卡：

女子拒绝赡养八旬继母　称非其亲生没有义务

李女士年逾八旬，丧失了劳动能力，被她抚养长大的刘某却以没有血缘关系为由拒绝赡养她。2014 年 3 月 23 日，经文登区法律援助中心调解，刘某同意好好赡养李女士。

家住文登营镇某村的李女士来到文登区法律援助中心寻求帮助。李女士介绍，她年轻时与一离异男子结为夫妻，对方带了一个 3 岁的女孩刘某，她和丈夫共同将刘某抚养长大。后来丈夫去世，李女士便独自生活，生活上也无须刘某照顾。现在李女士 80 多岁了，已丧失劳动能力，但刘某却以李女士与自己没有血缘关系为由，拒绝赡养李女士。

法律援助中心工作人员向李女士解释了相关的法律条文，按《婚姻法》规定，继子女不履行赡养义务时，无劳动能力或生活困难的继父母有要求继子女付给赡养费的权利。

三、基于夫妻债的财产分配问题

夫妻对外的债务是影响夫妻财产分配规划的一个因素，它直接影响到夫妻实际待分配财产的总额。夫妻对外所欠债务的性质也直接影响到家庭及夫妻个人实际的财产数额。夫妻债务主要包括夫妻个人债务和夫妻共同债务。

（一）夫妻个人债务

① 夫妻一方的婚前债务。如夫妻一方为购置房屋等财产负担的债务，该房屋没有用于婚后共同生活的，应当认定为个人债务。

② 夫妻双方依法约定由个人负担的债务。夫妻双方将本属共同生活所负的债务，约定由一方负担的，可以视为夫妻个人债务。这种约定原则上不对债权人产生对抗效力，除非债权人事先知道该约定或者事后追认该约定。

③ 夫妻一方因个人不合理的开支，如赌博、吸毒、酗酒所负债务。

④ 遗嘱或赠与合同中确定只归夫或妻一方的财产为一方个人财产，附随这份遗嘱或赠与合同而来的债务也应由接受遗嘱或赠与的一方单独承担，他方无清偿责任。

⑤ 夫妻一方未经对方同意，擅自资助没有扶养义务人所负担的债务。

⑥ 夫妻一方未经对方同意，独自筹资从事生产或者经营活动所负债务，且其收入确未用于共同生活的。

⑦ 其他依法应由个人承担的债务，包括夫妻一方实施违法犯罪行为、侵权行为所负的债务。

夫妻共同债务会减少整个家庭的财产总额，进而影响到整个家庭的生活水平，严重的还会导致整个家庭生活无法继续维持。而夫妻的个人债务仅对夫妻一方产生影响，通常不会影响到家庭生活。可见，不同的债务性质使家庭财产面临的风险也是不同的。

（二）夫妻共同债务

夫妻共同债务是指在婚姻关系存续期间，夫妻双方或一方为共同生活所产生的负债。夫妻共同债务的认定与处理，是离婚案件中审理的疑难问题。2001 年 4 月 28 日，修改后的《婚姻法》虽然对此作出了明文规定，但是由于过于原则和概括，在实践中难以准确地把握和适用。

《最高人民法院关于审理涉及夫妻债务纠纷案件适用法律有关问题的解释》已于 2018 年 1 月 8 日由最高人民法院审判委员会第 1731 次会议通过，自 2018 年 1 月 18 日起施行。其对夫妻共同债务做了明确具体的规定：

① 夫妻双方共同签字或者夫妻一方事后追认等共同意思表示所负的债务，应当认定为夫妻共同债务。

② 夫妻一方在婚姻关系存续期间以个人名义为家庭日常生活需要所负的债务，债权人以属于夫妻共同债务为由主张权利的，人民法院应予支持。

③ 夫妻一方在婚姻关系存续期间以个人名义超出家庭日常生活需要所负的债务，债权人以属于夫妻共同债务为由主张权利的，人民法院不予支持，但债权人能够证明该债务用于夫妻共同生活、共同生产经营或者基于夫妻双方共同生活、共同生产经营等除外。

夫妻共同债务包括以下几个方面：

① 婚前一方借款购置的财产已转化为夫妻共同财产，为购置这些财产所负的债务；

② 夫妻为家庭共同生活所负的债务；

③ 夫妻共同从事生产、经营活动所负的债务，或者一方从事生产经营活动，经营收入用于家庭生活或配偶分享所负的债务；

④ 夫妻一方或者双方治病以及为负有法定义务的人治病所负的债务；

⑤ 因抚养子女所负的债务；

⑥ 因赡养负有赡养义务的老人所负的债务；

⑦ 为支付夫妻一方或双方的教育、培训费用所负的债务；

⑧ 为支付正当必要的社会交往费用所负的债务；

⑨ 夫妻协议约定为共同债务的债务；

⑩ 其他应当认定为夫妻共同债务的债务。

《中华人民共和国婚姻法》第四十一条规定：“离婚时，原为夫妻共同生活所负的债务，应当共同偿还。共同财产不足清偿的，或财产归各自所有的，由双方协议清偿；协议不成时，由人民法院判决。”在承担责任的方式上，夫妻“共同偿还”的责任是连带的清偿责任，不论双方是否已经离婚，均得对共同债务以夫妻共同财产、自己所有的财产清偿。债权人有权向夫妻一方或双方要求清偿债务的部分或全部，它不分夫妻应承担的份额，也不分先后顺序，夫妻任何一方应根据债权人的要求全部或部分承担债务，一方财产不足以清偿时，另一方负有清偿责任。

第二节　制定原则

实际操作中，每个客户进行财产分配的动机和目标各不相同，理财规划师要根据客户需要，协助客户明确自己的财产分配目标。当然，目标虽有不同，但都不能脱离基本原则，这也是理财规划师在协助客户确定目标时要提醒客户注意的。财产分配目标的确定一般应遵循以下原则：

一、风险隔离原则

理财规划师在为客户做财产分配规划的时候，首先要考虑客户财产的安全性。一般来说，需要进行财产规划的客户都是参与各种形式的经营活动、多婚子女、跨国婚姻以及婚前就有大量财产的人。对于这类客户，他们需要对婚前和婚后财产通过财产分配工具的运用进行不同的财产安排，保障个人财产的安全和更好地履行对其他家庭成员的义务。对参与各种经营的客户，还需要在经营风险和家庭财产之间布下防火墙，以抵御经营风险对家庭财产的侵扰，从而保证家庭成员的正常生活不受影响。

二、合情合理原则

理财规划师在为客户确定财产分配目标时，要注意不仅要合法也要合情。所谓合法，指不违反与财产分配有关的法律规定，如为客户进行风险隔离规划时要遵守相关法律法规，不能违法操作。所谓合情，指财产分配要合乎情理，从协调客户及其家庭成员关系人手，并考虑各个家庭成员主要是夫妻二人对家庭的付出和贡献，这样可以减少财产分配方案在实施中可能遇到的障碍。

在进行财产分配规划过程中，理财规划师要对客户可能出现的三种错误思想倾向予以纠正。一种是认为财产在谁手中就归谁所有的倾向。事实上，只要是婚后所得财产，除非有特殊约定，不管财产在谁手里，都是夫妻共同财产。二是认为夫妻一方没有经济收入或经济收入较少就没有财产安排权的倾向。按照有关规定，只要是夫妻共同财产，夫妻双方就享有平等的所有权。在一般情况下，夫妻对共同财产的分割要平均，对共同债务要平均承担。三是在客户有离婚情形时，一方想以多占有财产作为同意离婚条件的倾向。离婚与财产分割是两个性质不同的问题，不能混在一起。

三、照顾妇女儿童原则

抚养教育未成年子女是家庭的一个中心问题，因此，在财产分配规划的制定过程中，要充分考虑子女的问题。尤其是夫妻离婚的情况下，为了防止夫妻因离婚而影响未成年子女的学习和生活，减轻未成年子女因父母离异所带来的影响，保证未成年子女健康成长，在分割夫妻共同财产时，对子女的利益予以考虑就显得尤为重要。在分配夫妻共同财产时，要注意不要侵害到未成年子女的合法财产，要将未成年子女的合法财产作为子女个人财产，包括未成年人通过赠与获得的财产、通过自己的特殊技能获得的报酬或奖金以及国家法律政策明文规定给未成年人的财产。未成年人的合法财产，不能列入夫妻共同财产进行分割。对于客户在子女教育方面有特殊需要的，理财规划师除了为客户提供普通的子女教育规划，还可以为客户定做子女教育信托等。

四、有利方便原则

通常，在共同共有关系终止时，对共有财产的分割，有协议的按协议处理；没有协议的，应当根据等分原则处理，同时考虑共有人对共有财产的贡献大小，适当照顾共有人生活的实际需要等情况。分割夫妻共同财产时，原则上也应均等分割。当然，根据生活的实际需要和财产的来源，具体处理时也可以有所差别。这就是夫妻离婚时财产分割坚持有利方便原则的法律依据。

夫妻共同财产，从财产的用途上来划分，可以分为生产资料和生活资料。对于共同财产中的生产资料，在分割时，应尽可能分给需要该种生产资料，能够充分发挥该种生产资料效用的一方，从而有利于发展生产，保证生产活动的正常进行。对于共同财产中的生活资料，分割时，要尽量满足个人从事专业或职业的需求，如个人从事某个职业所需的书籍、器具等，以发挥物的使用价值。对于一些特定物品，如奖章及类似的其他特定物，离婚时应将这些特定物品分给获得者一方，同时相应考虑对另一方给予适当的经济补偿，或相应多分一些其他财产作为补偿。

五、不得损害国家、集体和他人利益原则

权利不得滥用，这是公民行使权利的基本准则，也是离婚分割夫妻共有财产的原则之一。根据这一原则，夫妻在离婚分割财产时，不得把属于国家、集体或他人所有的财产当作夫妻共同财产进行分割，不得借分割共同财产之名损害其他人的利益。

第三节 财产分配与传承规划工具

财产分配与传承是个人理财规划中不可回避的部分，要选择财产分配工具和遗产管理工具，确保在家庭成员变动、去世或丧失行为能力时能够实现家庭财产的代际相传。

一、公证

（一）公证的概念及办理

公证是公证机构根据自然人、法人或者其他组织的申请，依照法定程序对民事法律行为、有法律意义的事实和文书的真实性、合法性予以证明的活动。

中华人民共和国的现行公证组织是在直辖市、县（自治县）、市设立公证处。经省、自治区、直辖市司法行政机关批准，市辖区也可设立公证处。公证处是国家公证机关，代表国家行使公证职能。公证处由公证员、助理公证员组成。根据需要，可以设主任、副主任领导公证处的工作，但主任、副主任必须由公证员担任，并且必须执行公证员职务。一切公证行为由公证员办理，助理公证员协助公证员办理公证行为。公证处受所在地司法行政机关的领导，公证处之间没有隶属关系。司法部通过各级司法行政机关领导检查监督全国公证工作。

根据自然人、法人或者其他组织的申请，公证机构办理下列公证事项：

① 合同；

② 继承；

③ 委托、声明、赠与、遗嘱；

④ 财产分割；

⑤ 招标投标、拍卖；

⑥ 婚姻状况、亲属关系、收养关系；

⑦ 出生、生存、死亡、身份、经历、学历、学位、职务、职称、有无违法犯罪记录；

⑧ 公司章程；

⑨ 保全证据；

⑩ 文书上的签名、印鉴、日期，文书的副本、影印本与原本相符；

⑪ 自然人、法人或者其他组织自愿申请办理的其他公证事项。

法律、行政法规规定应当公证的事项，有关自然人、法人或者其他组织应当向公证机构申请办理公证。

（二）夫妻财产约定协议公证

夫妻财产约定协议公证，是指公证机构依法对夫妻双方或未婚男女双方就各自婚前财产（或婚后财产）和债务的范围与权利归属问题所达成的协议的真实性、合法性给予证明的活动。

夫妻财产约定协议公证分两种形式：一是未婚男女双方在结婚登记前达成协议，办理公证；二是夫妻双方在婚姻关系存续期间达成协议，办理公证。夫妻财产约定协议公证由当事人一方的住所地或协议签订地公证处受理。

（三）遗嘱公证

遗嘱公证指的是公民生前对自己的财产作出安排，并经国家公证机关公证，于死亡时立即发生法律效力的法律行为。办遗嘱公证由立嘱人持证明个人身份的证件到户籍地的公证机关办理，如行动不便，也可邀请公证员到立嘱人住地办理。经公证证明的遗嘱为公证遗嘱。

1. 办理遗嘱公证所需具备的条件

① 遗嘱人必须具有完全民事行为能力。遗嘱人在立遗嘱时必须精神正常，有正常的思维意识能力或语言表达能力，能够清楚表达自己的真实意思。无民事行为能力或者限制民事行为能力人所立的遗嘱无效。

② 遗嘱人的意思表示真实。遗嘱的内容必须是遗嘱人自己真实意愿的表达，不存在遗嘱人受胁迫、欺骗的情况，遗嘱人受胁迫、欺骗所立的遗嘱没有法律效力。

③ 遗嘱的内容和形式不得违反法律或社会公共利益。遗嘱的内容和形式应当符合《中华人民共和国继承法》及其他相关法律的规定，不能与之相抵触。

④ 遗嘱人处分的财产必须是其个人合法财产。遗嘱人的财产涉及夫妻共有或者家庭共有的，遗嘱人只能处分属于自己份额的个人财产，处分超出个人份额的遗嘱内容部分，该部分内容无效。

⑤ 遗嘱人申办遗嘱公证应当亲自到公证处提出申请，不能委托他人办理。

2. 办理遗嘱公证所需提供的材料

① 遗嘱/遗赠人的身份证件（国内居民需提供身份证、户口簿，港、澳、台居民需提供身份证、通行证，外国人需提供护照）、受益人的身份证影印件；

② 遗嘱/遗赠人婚姻状况证明（如结婚证、夫妻关系证明书、离婚证、丧偶证明等）；

③ 遗嘱/遗赠所处分的财产凭证，如房地产权证、存款凭证、股票等；

④ 遗嘱/遗赠人本人草拟的遗嘱（如本人书写有困难的，可向公证处申请代为草拟，经遗嘱人或遗赠人核对无误后签名并捺指印确认）；

⑤ 与申请公证事项有关的其他材料（如遗嘱/遗赠人与受益人之间的亲属关系证明等）。

公证遗嘱在遗嘱人死亡时发生效力，公证遗嘱生效前，当事人、利害关系人、公证人员均不得对外透露遗嘱内容。

二、信托

财产分配和传承规划都属于客户私人事务的范畴，而信托是被世界各国所普遍采用的私人事务管理工具。其主要优势是管理机构的灵活设计及对客户私人信息的绝对保密，可以更好地实现客户的财务及生活目标。通常，这种应用于私人事务管理的信托被称为个人信托。

个人信托是指委托人（特指自然人）基于财产规划的目的，将其财产所有权委托给受托人，受托人按照信托文件的规定为受益人的利益或特定目的，管理或处分信托财产的行为。其显著特点是财产的消极增值管理和财产事务的积极管理。

依照受益人及信托目的不同，个人信托可以分为婚姻家庭信托、子女保障信托、遗产管理信托和养老保障信托四类。

婚姻家庭信托由夫妻一方或双方作为委托人与受托人签订信托合同，将一定财产委托于受托人作为信托资产，该财产独立于委托人的家庭财产，由受托人按照约定管理处分。这种信托一般具有家庭破产时保障家庭基本生活、规避离异配偶或其再婚配偶恶意侵占财产等作用。

子女保障信托是指由委托人（父母、长辈）和受托人签订信托合同，委托人将财产转入受托人信托账户，由受托人依约管理运用；通过受托人的管理及信托规划的功能，定期或不定期给付信托财产于受益人（子女），作为其养护、教育及创业之用，以确保其未来生活。这种信托广泛运用于海外留学费用的给付、离异抚养子女的抚养费、未来孩子教育及创业基金等。

遗产管理信托是指委托人预先以立遗嘱或者订立遗嘱信托合同的方式，将财产的规划内容，包括交付信托后遗产的管理、分配、运用及给付等，详订于其中。委托人死亡后，遗嘱或合同生效时，再将信托财产委托给受托人，由受托人依据信托的内容，也就是根据委托人的意愿来负责所交办的事项，管理处分信托财产。这种信托的作用是：帮助没有能力管理遗产的遗孀遗孤按遗嘱人生前愿望管理信托财产；合理分配遗产，避免遗产纷争等。

养老保障信托指由委托人和受托人签订信托合同，委托人将资金转入受托人的信托账户，由受托人依照约定的方式替客户管理运用；同时信托合同已明确约定信托资金为未来支付受益人（自己或其配偶）的退休生活费用，只要是信托合同存续期间，受托人就会依照信托合同执行受益分配，让信托财产完全依照委托人的意愿妥善处理，以达到退休生活无后顾之忧的目标。这种信托是适用于退休规划的有效工具，可以有效弥补我国目前社会养老保障体制不健全的缺陷。

三、遗嘱

遗嘱是指遗嘱人生前在法律允许的范围内，按照法律规定的方式对其遗产或其他事务所作的个人处分，并于遗嘱人死亡时发生效力的法律行为。

（一）遗嘱的特征

遗嘱是单方法律行为，即遗嘱是基于遗嘱人单方面的意思表示即可发生预期法律后果的法律行为。

遗嘱人必须具备完全民事行为能力，限制行为能力人和无民事行为能力人不具有遗嘱能力，不能设立遗嘱。

设立遗嘱不能进行代理，遗嘱的内容必须是遗嘱人的真实意思表示，应由遗嘱人本人亲自作出，不能由他人代理。如是代书遗嘱，也必须由本人在遗嘱上签名。

紧急情况下才能采用口头形式，而且要求有两个以上的见证人在场见证，危急情况解除后，遗嘱人能够以书面形式或录音形式立遗嘱的，所立口头遗嘱因此失效。

遗嘱在遗嘱人死亡时才发生法律效力，因为遗嘱是遗嘱人生前以遗嘱方式对其死亡后的财产归属问题所作的处分，死亡前还可以加以变更、撤销，所以，遗嘱必须以遗嘱人的死亡作为生效的条件。

（二）撤销遗嘱和变更遗嘱的效力

在遗嘱生效之前，遗嘱人如果认为所立遗嘱没有反映自己的真实意思，或者后来改变了原来的真实意思，就应当允许撤销或变更。我国《继承法》第二十条明确规定，遗嘱人可以撤销、变更自己所立的遗嘱。

本章小结

财产分配与传承规划涉及基于抚养、赡养、夫妻债的财产分配问题。

在制定财产分配与传承规划方案时，要符合风险隔离原则，合情合法原则，照顾妇女儿童原则，有利方便原则，不损害国家、集体和他人利益原则。

财产分配与传承规划工具是公证、信托和遗嘱。

复习思考题

1. 财产分配与传承规划的主要内容是什么？
2. 财产分配与传承规划的制定原则是什么？
3. 财产分配与传承规划的工具有哪些？其各自特点是什么？

参考答案

第一章

1. B　2. C　3. A　4. D　5. B　6. B　7. C　8. C　9. ABCDE　10. ABCDE　11. ACD　12. ABCDE　13. ABE　14. ABCE

第二章

1. A　2. B　3. A　4. D　5. D　6. ABCE　7. ABDE　8. ABCDE　9. ABC

第三章

1. A　2. D　3. A　4. B　5. B　6. C　7. BCD　8. BCDE

第四章

1. A　2. D　3. A　4. B　5. B

第九章

1. D　2. D　3. B　4. C　5. B　6. C　7. A　8. A　9. B　10. C　11. D　12. C　13. C　14. B　15. D　16. ABC　17. ABC　18. BCDE

参考文献

[1] 郭平．个人理财［M］．成都：西南财经大学出版社，2015.

[2] 王琳．金融理财［M］．成都：西南财经大学出版社，2013.

[3] 雷仕凤，王芬．国际金融学［M］．北京：经济管理出版社，2010.

[4] 于研．国际金融［M］．上海：上海财经大学出版社，2014.

[5] 王爱俭．国际金融概论［M］．北京：中国金融出版社，2005.

[6] 中国就业培训技术指导中心．国家职业资格培训教程（国家职业资格三级）——理财规划师基础知识［M］．北京：中国财政经济出版社，2013.

[7] 柴效武．个人理财［M］．北京：清华大学出版社，2012.

[8] 张纯威，陆磊．金融理财［M］．北京：中国金融出版社，2007.

[9] 韩海燕，张旭升．个人理财［M］．北京：清华大学出版社，2010.

[10] 廖旗平．个人理财［M］．北京：高等教育出版社，2009.

[11] 柴效武，孟晓苏．个人理财［M］．北京：清华大学出版社，2009.